围棋记谱本

WEIQI JIPUBEN

弈心 编

化学工业出版社

·北京·

图书在版编目（CIP）数据

围棋记谱本/弈心编. —北京：化学工业出版社，2019.7（2024.11重印）
ISBN 978-7-122-34256-0

Ⅰ.①围… Ⅱ.①弈… Ⅲ.①围棋-基本知识　Ⅳ.①G891.3

中国版本图书馆CIP数据核字（2019）第063342号

责任编辑：史　懿　　　　　　　　　　　　　装帧设计：刘丽华
责任校对：王素芹

出版发行：化学工业出版社（北京市东城区青年湖南街13号　邮政编码100011）
印　　装：大厂回族自治县聚鑫印刷有限责任公司
710mm×1000mm 1/16　印张6　字数12千字　2024年11月北京第1版第5次印刷

购书咨询：010-64518888　　售后服务：010-64518899
网　　址：http://www.cip.com.cn
凡购买本书，如有缺损质量问题，本社销售中心负责调换。

定　价：20.00元　　　　　　　　　　　　　　　　　　版权所有　违者必究

前言

俗话说"千古无同局",围棋棋形变化无穷,如灵狐一般令人着迷,因此有"木野狐"之称。

我们在学棋的时候,免不了要记录一些局部的棋形、例题或者完整的对局过程。初学围棋的人,如在普通笔记本上抄写,不仅速度慢,而且容易出错,本书专为方便记谱而设。

这本《围棋记谱本》详述了记谱的方法。围棋的棋盘是完全对称的,我们无论从哪一边开始记录,棋形都是相同的,只是调转了方向而已。习惯上,我们从黑棋视角记录全盘棋谱,而局部棋谱则可以从任何一个方向记录。

本书第一部分详细讲述了棋盘坐标和记谱方法。第二部分总结了常见的吃子、死活、对杀、手筋等基本技巧及要点,以方便初学者记忆。并通过转换棋盘方向的练习,使读者学会从不同的棋盘角度记谱。这种练习,不仅可以使读者学会灵活记谱,更可以提高读者实战中对棋形的敏感度,毕竟我们在下棋时,行棋的方向是随机的。第三部分则为空白棋盘,以方便初学者使用。

弈心

2019.3

目录

第 1 部分　围棋记谱方法 ... 1

　一、棋盘各部分名称 ... 1

　二、棋子的坐标 ... 2

　三、全盘记谱 ... 4

　四、局部记谱 ... 5

第 2 部分　围棋实用基础及结论 ... 7

　一、基本吃子方法及要点 ... 7

　二、死活基本型及要点 ... 8

　三、基本对杀方法和对杀气数计算 ... 9

　四、常用吃子手筋记谱练习 ... 10

第 3 部分　棋谱记录 ... 17

第 1 部分　围棋记谱方法

一、棋盘各部分名称

图1　一张棋盘由19条横线和19条纵线组成。从我们下棋的顺序来说，是先角，后边，再中央。

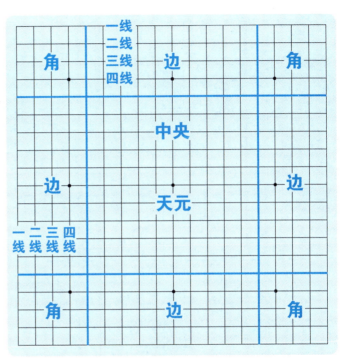

图1

图2　为了方便定位，棋盘上有一些交叉点是有独立名字的。

A 为角星　　E 为三三

B 为边星　　F 为目外

C 为天元　　G 为高目

D 为小目

棋盘上共有4个角星，4个边星，1个天元，8个小目，4个三三，8个目外，8个高目。

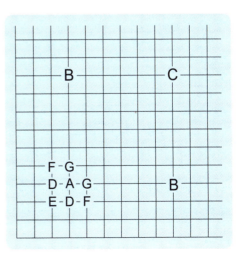

图2

二、棋子的坐标

图 3 每个棋子在棋盘上都是有坐标的。传统的坐标由汉字数字和阿拉伯数字组成。现在一些围棋游戏程序习惯用英文字母和阿拉伯数字来记录。

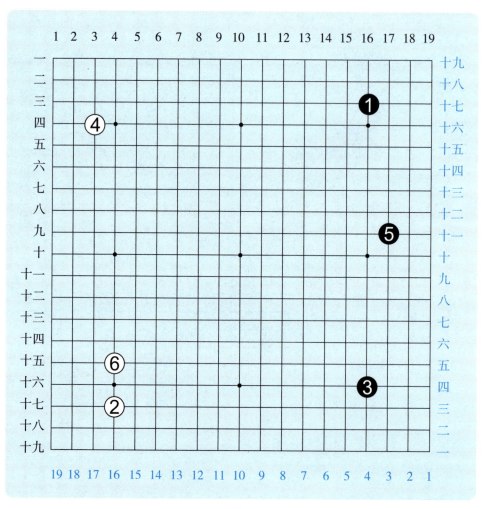

图 3

图 3 中,黑 1 的坐标可以写为(三·16)。因为围棋的棋盘四边完全对称,所以也可以从下往上或从右往左计数(例如图中蓝色数字)。

为了数线方便,我们习惯上用小的数字来描述位置,如黑 1 的位置可简写为"三·4"(如从右往左数纵线,黑 1 则位于第四条纵线,这种简写形式常用于不完整棋盘的位置说明)。而黑 1 恰巧在小目,也可直接写为"小目"。

图 4　在游戏程序中，黑 1 的坐标可写为 Q17。

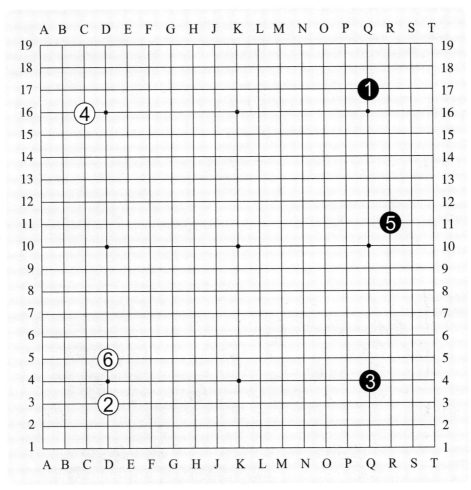

图 4

因此，黑 1、白 2、黑 3、白 4、黑 5、白 6 可分别记为：

棋子	位置简写	坐标
黑 1	三・4 或小目	三・16 或 Q17
白 2	三・4 或小目	十七・4 或 D3
黑 3	四・4 或星位	十六・16 或 Q4
白 4	三・4 或小目	四・3 或 C16
黑 5	三・9	九・17 或 R11
白 6	四・5	十五・4 或 D5

三、全盘记谱

图5 全盘记谱从1开始直至棋局结束,棋谱从黑方视觉角度来记录。

首先应明确是"让子棋"还是"对子棋"。如为让子棋,需记录让子个数,并在棋谱上画好让子位置,棋谱从白1开始;如为对子棋,则从黑1开始记录。

对局过程中,要记下因打劫而被覆盖的棋子,用"="表示,写在棋盘之外。

最后写明全盘胜负结论。如经裁判数子定输赢,则写清取胜方所赢目数;如一方认负,则写另一方中盘胜。

图5

四、局部记谱

图6～图9　局部记谱通常是记录某一处的重要变化或例题，首先要摆好原始棋形，再用数字在上面标注变化的次序。如一方某一手棋脱先，则需在棋盘之外单独注明。

记录时，需记录局部哪一方为先手，并记好行棋的要求。常见的写法有：黑先、白先、黑先白死、白先黑死、黑先活、黑先劫、白先活、白先劫等。

常见的图例名称有：基本图、问题图、正解图、失败图、变化图、参考图、续图等。

棋谱中有特殊意义或需要特别指出的棋子或位置，常用×△□○等符号及英文字母进行标记。

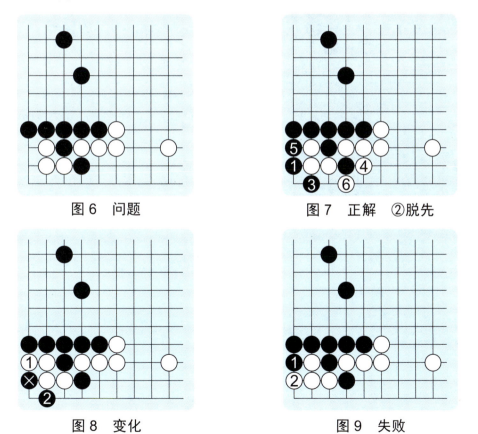

图6　问题　　　　图7　正解　②脱先

图8　变化　　　　图9　失败

围棋的棋盘四边完全对称，我们可以从任意角度来记录局部的棋谱，只要局部棋子的位置与边线、9个星位定位点相对一致即可。

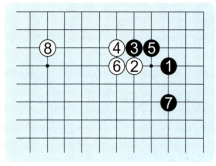

图 10

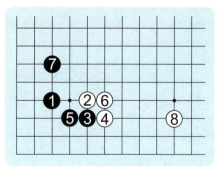

图 11

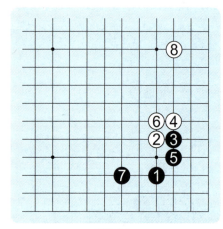

图 12

图 10～图 12　我们可以将图 10 的棋谱，换一个角度，记成图 11（旋转 180 度）或图 12（顺转 90 度）。

图 13～图 15　如果所涉及棋子很多，需要注意旋转之后的对应关系不能发生变化。例如图 13 可以记成图 14，但不能记成图 15。

图 14 是将棋盘旋转 180 度后记谱。

图 15 虽然也是将棋盘旋转了 180 度，但在记谱时，左下角的棋子没有转对方向，造成左右两边棋子相对的位置发生了改变。记谱错误。

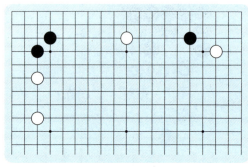

图 13

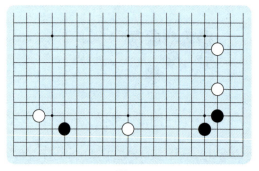

图 14

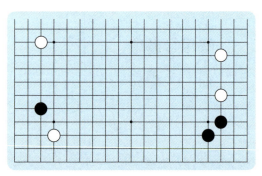

图 15

第2部分 围棋实用基础及结论

一、基本吃子方法及要点

图 16 抱吃基本型

要点：向有自己棋子的方向打吃。

图 17 门吃基本型

要点：向有自己"墙壁"的方向打吃。

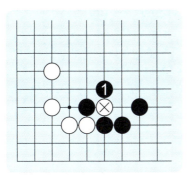

图 16

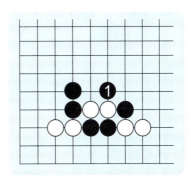

图 17

图 18 双吃基本型

要点：断开对方，并且在断开对方的同时，造成对方两处棋子同时被打吃。

图 19 枷吃基本型

要点："宽松"地吃对方，把对方的棋子罩住后，再吃掉。

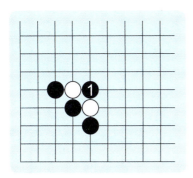

图 18

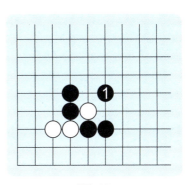

图 19

图 20　倒扑基本型

要点：有虎口的地方才有扑和倒扑；要向对方虎口中送吃棋子，之后再回提。

图 21　征吃基本型

要点：注意在征子方向不能有对方的接应子。如对方引征，己方也需相应引征。

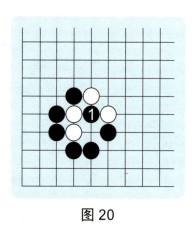

图 20

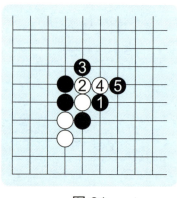

图 21

二、死活基本型及要点

我们可以用一串数字"三四五六七八九"来辅助记忆死活基本型。这些基本型的关键点都是它们的中心点，而双数棋形通常有 2 个关键点。

辅助记忆数字	要点	其他说明
三	直三、弯三一点死	
四	直四、弯四、曲四是活棋	无断头（打吃）
	丁四一点死	
	方四是死棋	
	盘角曲四打劫活	无外气或仅有一口外气 口诀：盘角曲四，劫尽棋亡

续表

辅助记忆数字	要点	其他说明
五	刀五、花五一点死	
六	板六是活棋	如有断点，需判断点位置
六	角上板六一点死	无外气
六	角上板六先手方先手劫杀	无断头、有1口外气
七	花七是活棋，先手方后手双活	无断头
七、八	二线爬，七子可杀，八子活棋	口诀：七死八活
八	角上板八是活棋，先手方先手双活	无断头、无外气
九	金柜角	条件及变化繁多，需分别讨论

除此之外，最常见的基本死活型就是猪嘴：

要点	其他说明
大猪嘴是死棋	口诀：大猪嘴，扳点死
小猪嘴是打劫活	口诀：小猪嘴，点成劫

三、基本对杀方法和对杀气数计算

紧气方法：无公气时，直接紧外气或大眼中的气（内气）；有公气时，先紧外气和大眼中的气，再紧公气。

1. 无眼无公气对杀

无公气对杀，气长者胜。气等长时，先走者胜。

2. 无眼有公气对杀

有 2 口公气时，一方要比另一方多 1 口外气且先走方可获胜；有 3 口公气时，一方要比另一方多 2 口外气且先走，方可获胜；以此类推。否则双活。

3. 一方有眼有公气对杀

对杀时，公气算给有眼一方，气长者胜。

口诀：有眼杀无眼；长气杀短眼。

4. 双方有眼对杀

双方无公气时，外气＋内气气长者胜；双方有公气时，公气算给大眼一方。

口诀：大眼杀小眼。

5. 大眼气数计算

大眼指所围交叉点大于 2，但对杀时又只有一个眼位的眼，即基本死活型中涉及的所有一点死、死棋棋形。

口诀：三 3，四 5，五 8，六 12。

即：直三、弯三 3 口气；丁四、方四 5 口气；刀五、花五 8 口气；花六 12 口气。

综上所述：对杀时，气长则胜，气短则败，气数相同先走者胜。

四、常用吃子手筋记谱练习

以下为练习和实战中非常常见的手筋，请小朋友们记牢这些下法并在右侧的空白棋盘上模仿图 22～图 39 练习记谱。请注意，要按照棋盘给出的方向记谱。

龟不出头基本型

实用着法：挖。

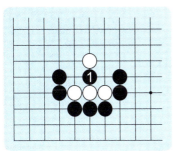

图22 龟不出头基本型

方向不变

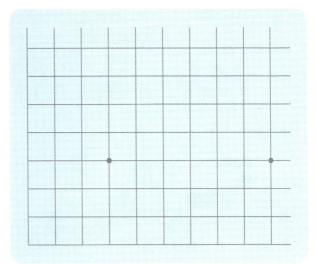

老鼠偷油基本型

实用着法：透点。

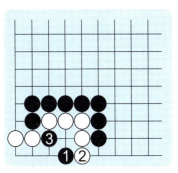

图23 老鼠偷油基本型

方向不变

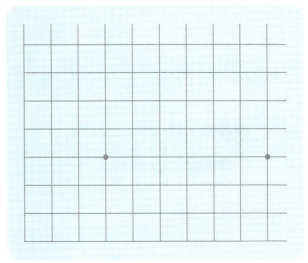

竹节筋基本型

实用着法：夹。

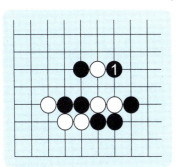

图24 竹节筋基本型

方向不变

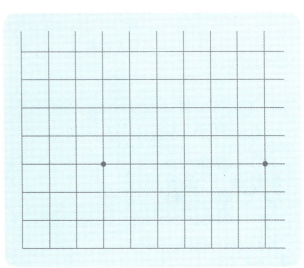

送佛归西基本型

实用着法：枷吃。 顺转90度

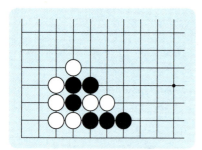

图25　送佛归西基本型

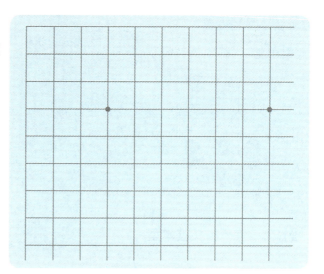

顺转90度

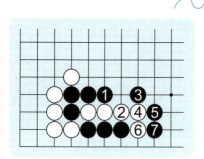

图26　正解

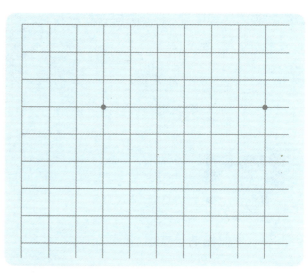

金鸡独立基本型

实用着法：一路立（偶见一路尖）。 顺转90度

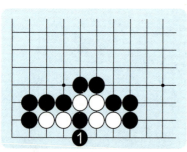

图27　金鸡独立基本型

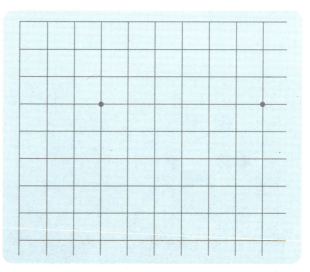

滚打基本型

实用着法：挖、扑等滚打手段。

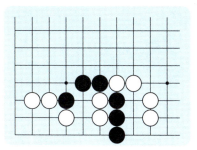

图28　滚打基本型

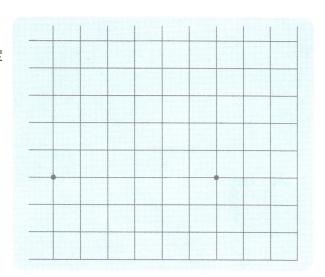

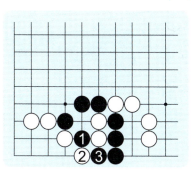

图29　正解

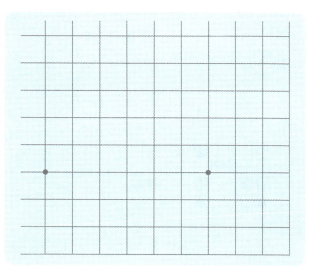

胀死牛基本型

实用着法：扑。

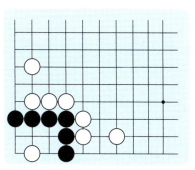

图30　胀死牛基本型

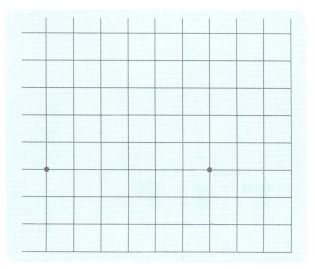

逆转90度

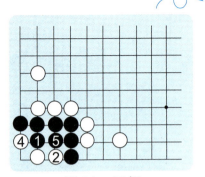

图 31　正解

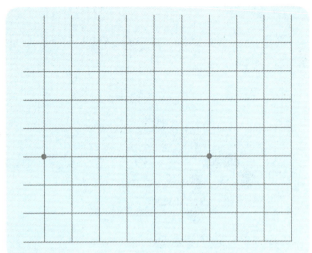

方朔偷桃

实用着法：一路尖。

旋转180度

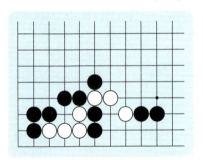

图 32　方朔偷桃基本型

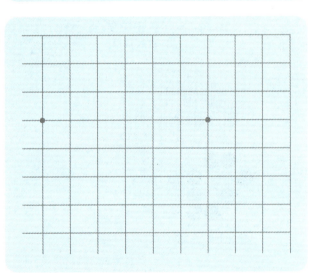

旋转180度

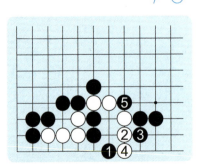

图 33　正解

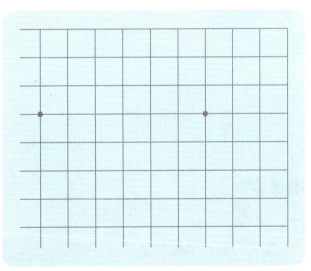

大头鬼

实用着法：二路断、弃子、扑等手段。

旋转180度

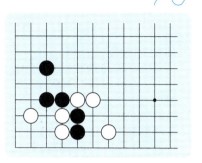

图34 大头鬼基本型

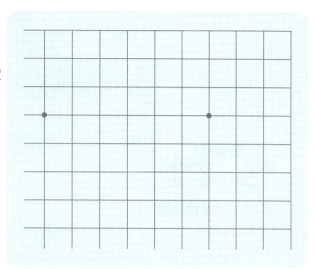

旋转180度

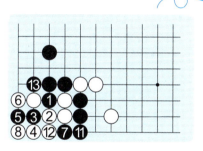

图35 正解 ❾ = ❸ ❿ = ❺

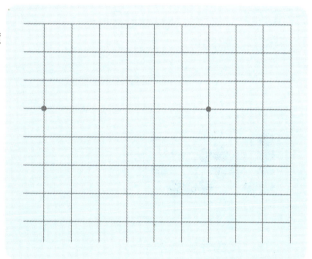

倒脱靴

实用着法：弃子、反提。

水平翻转

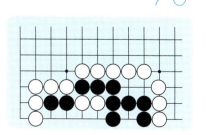

图36 倒脱靴基本型

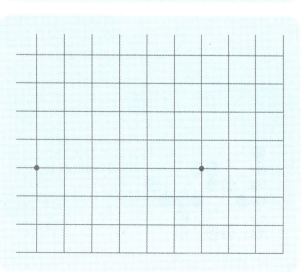

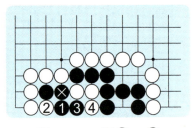

图37　正解❺=✕

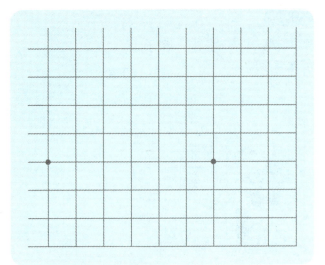

黄莺扑蝶

实用着法：一路点。

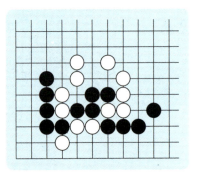

图38　黄莺扑蝶基本型

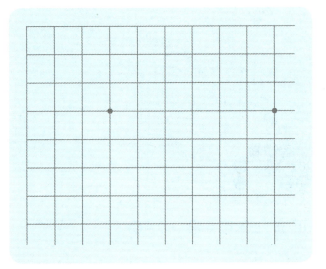

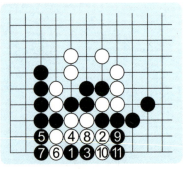

图39　正解

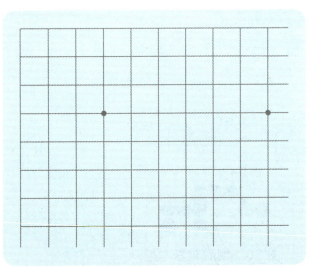

第 3 部分　棋谱记录

先 手 方：_____

对局要求：_____

重要结论：_____

_____

_____

_____

_____

_____

_____

_____图

先 手 方：_____

对局要求：_____

重要结论：_____

_____

_____

_____

_____

_____

_____

_____

_____图

棋谱记录 1

先 手 方：_____

对局要求：_____

重要结论：_____

_____

_____

_____

_____

_____

_____

_____

_____图

先 手 方：_____

对局要求：_____

重要结论：_____

_____

_____

_____

_____

_____

_____

_____

_____图

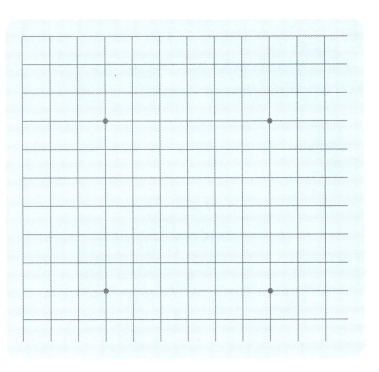

先 手 方：＿＿＿＿＿＿

对局要求：＿＿＿＿＿＿

重要结论：＿＿＿＿＿＿

＿＿＿＿＿＿＿＿＿＿

＿＿＿＿＿＿＿＿＿＿

＿＿＿＿＿＿＿＿＿＿

＿＿＿＿＿＿＿＿＿＿

＿＿＿＿＿＿＿＿＿＿

＿＿＿＿＿＿＿＿＿＿＿＿＿＿图

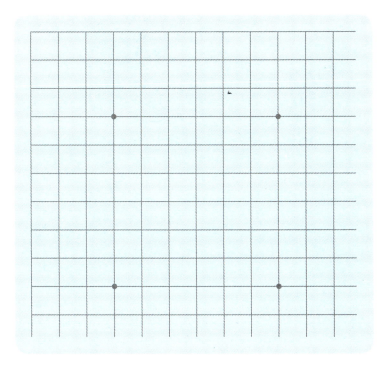

先 手 方：＿＿＿＿＿＿

对局要求：＿＿＿＿＿＿

重要结论：＿＿＿＿＿＿

＿＿＿＿＿＿＿＿＿＿

＿＿＿＿＿＿＿＿＿＿

＿＿＿＿＿＿＿＿＿＿

＿＿＿＿＿＿＿＿＿＿

＿＿＿＿＿＿＿＿＿＿

＿＿＿＿＿＿＿＿＿＿＿＿＿＿图

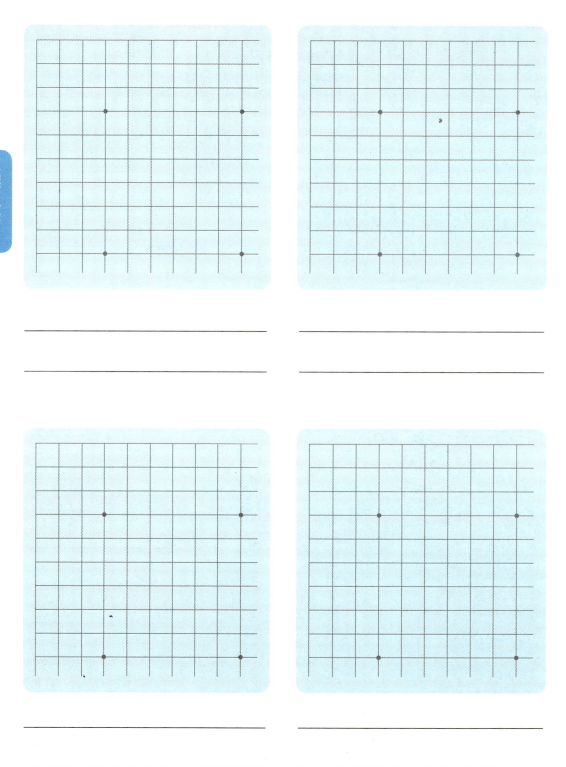

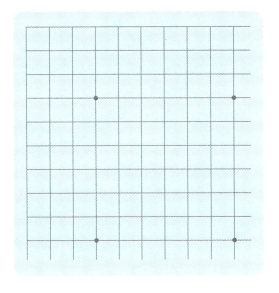

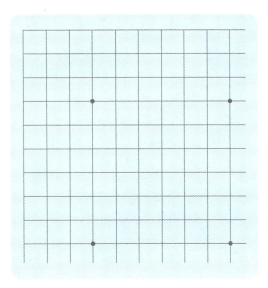

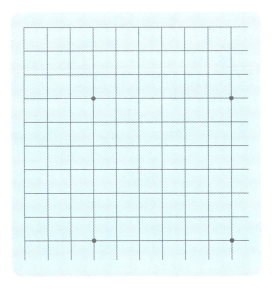

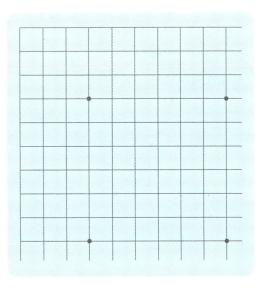

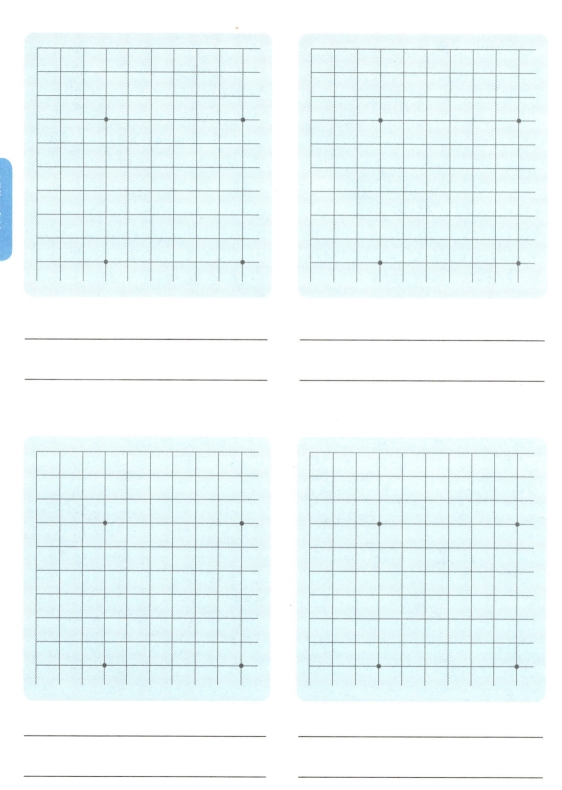

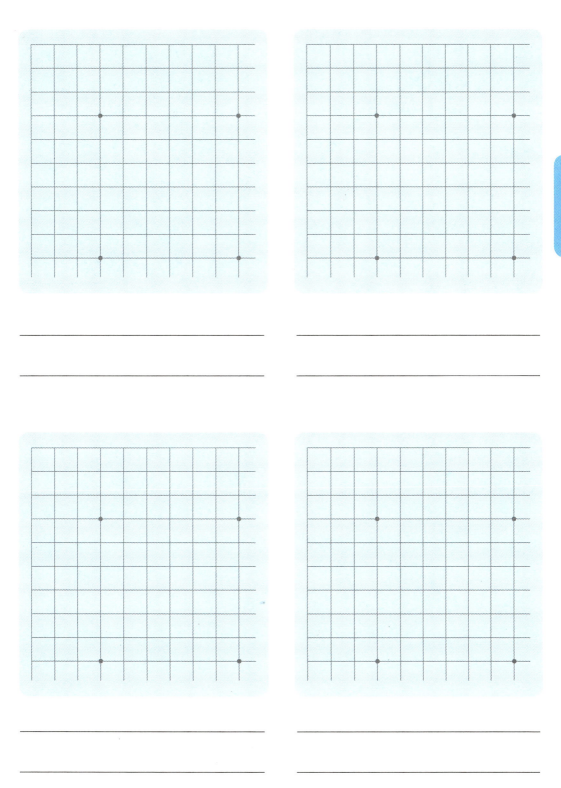

棋谱记录1

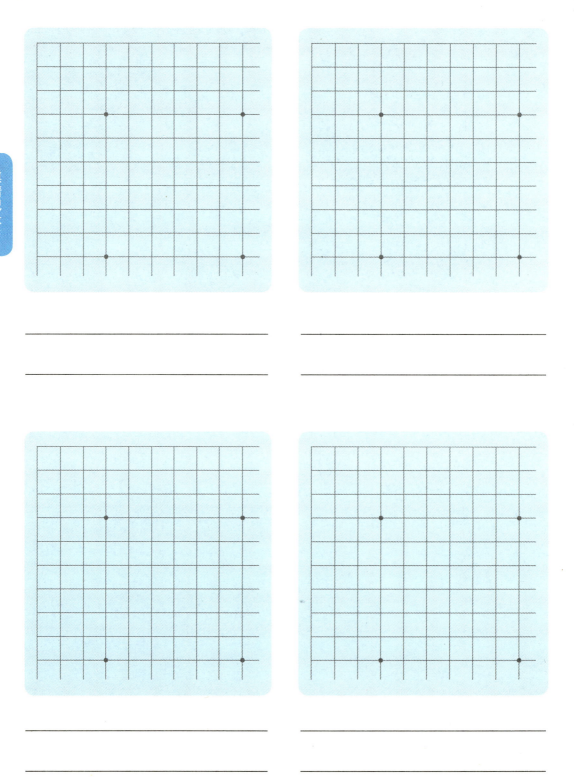

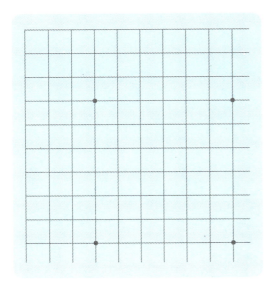
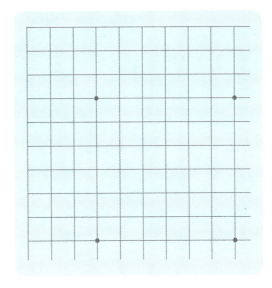
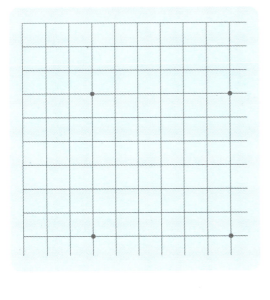
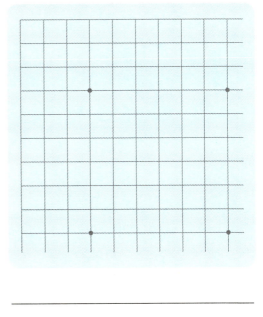

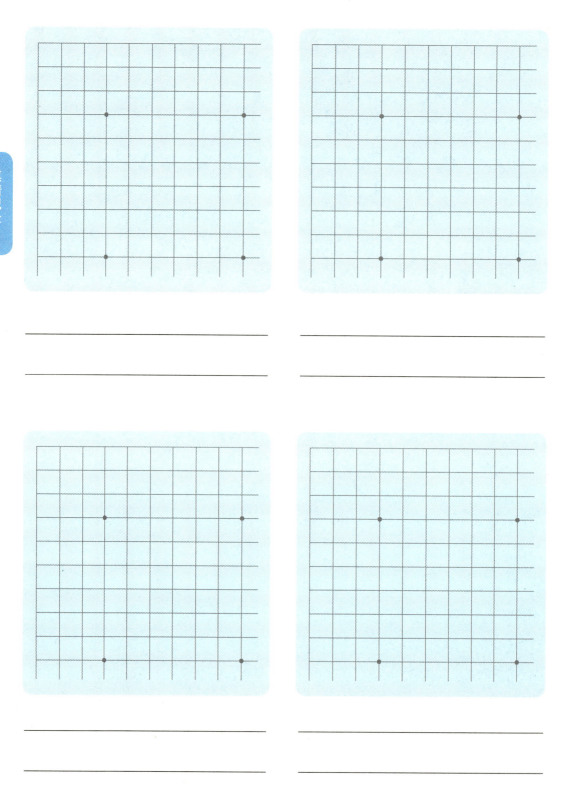

棋谱记录 1

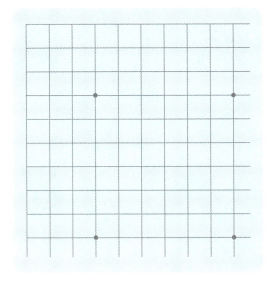

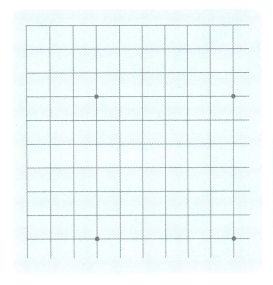

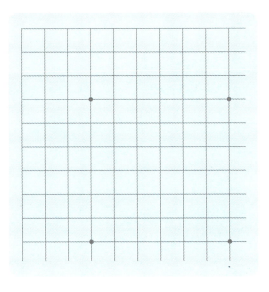

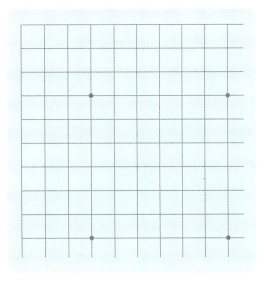

棋谱记录1

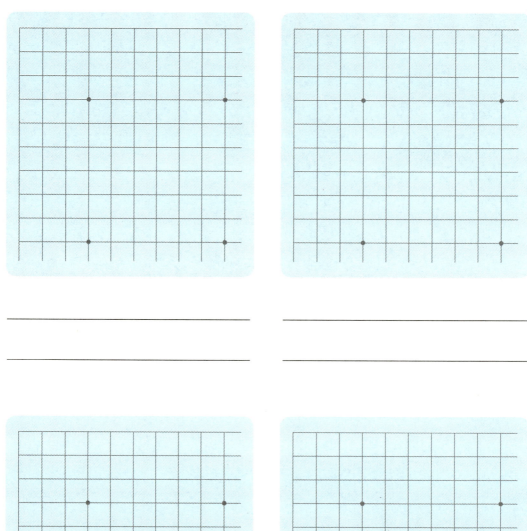

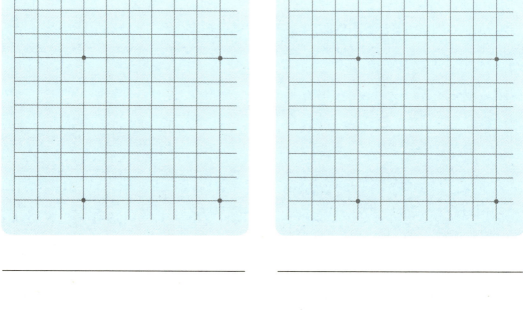

对局日期：_____　　对局地点：_____

黑　　方：_____　　白　　方：_____

黑方贴子：_____子　　白方让子：_____子

黑方用时：_____　　白方用时：_____

共　　计：_____手　　对局结果：_____胜

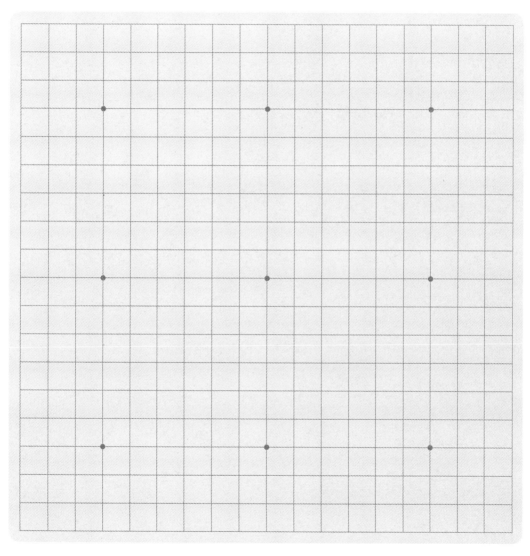

打　　劫：_____

收　　获：_____

对局日期：_____　　对局地点：_____

黑　　方：_____　　白　　方：_____

黑方贴子：_____子　　白方让子：_____子

黑方用时：_____　　白方用时：_____

共　　计：_____手　　对局结果：_____胜

棋谱记录2

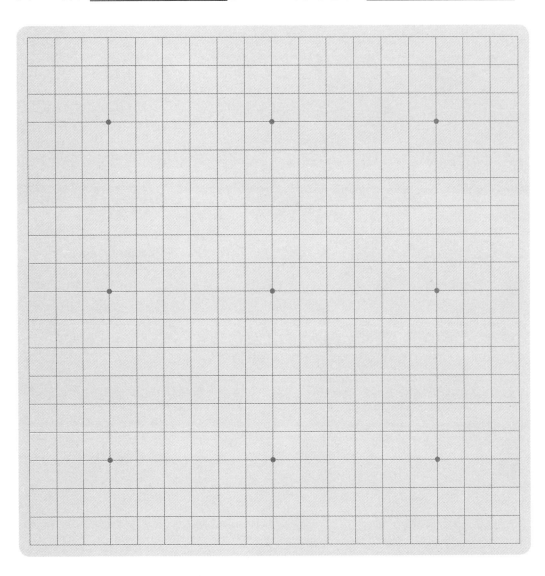

打　　劫：_____

_____

收　　获：_____

_____

对局日期：_____　　对局地点：_____

黑　　方：_____　　白　　方：_____

黑方贴子：_____子　　白方让子：_____子

黑方用时：_____　　白方用时：_____

共　　计：_____手　　对局结果：_____胜

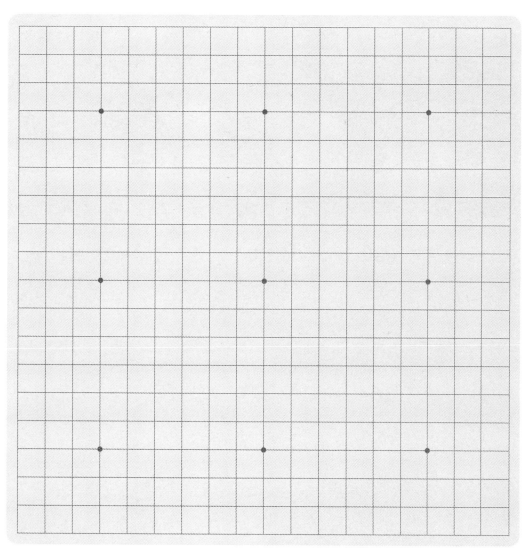

打　　劫：_____

收　　获：_____

对局日期：_____　　对局地点：_____

黑　　方：_____　　白　　方：_____

黑方贴子：_____子　　白方让子：_____子

黑方用时：_____　　白方用时：_____

共　　计：_____手　　对局结果：_____胜

棋谱记录2

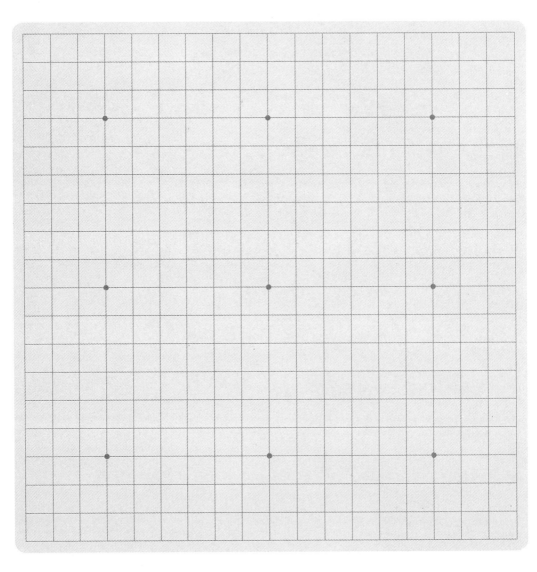

打　　劫：_____

收　　获：_____

对局日期：_____　　对局地点：_____
黑　　方：_____　　白　　方：_____
黑方贴子：_____子　白方让子：_____子
黑方用时：_____　　白方用时：_____
共　　计：_____手　对局结果：_____胜

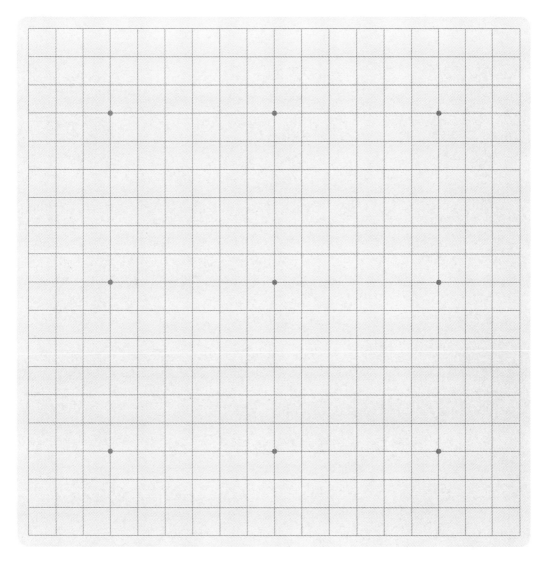

棋谱记录2

打　劫：_____
_____
收　获：_____
_____

对局日期：_____ 对局地点：_____

黑　　方：_____ 白　　方：_____

黑方贴子：_____子　白方让子：_____子

黑方用时：_____ 白方用时：_____

共　　计：_____手　对局结果：_____胜

棋谱记录2

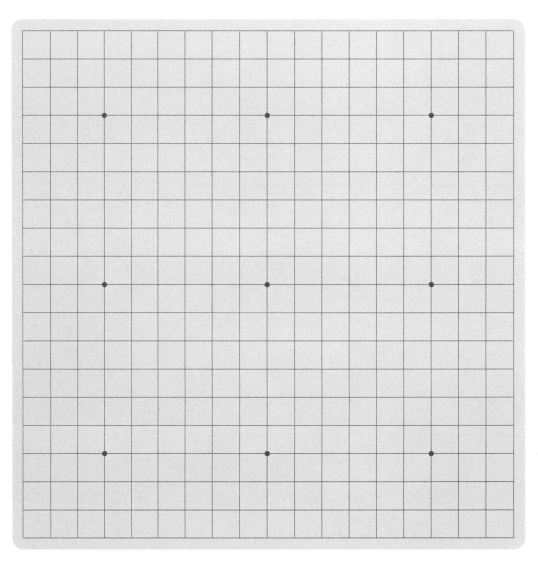

打　　劫：_____

收　　获：_____

对局日期：_____   对局地点：_____
黑　　方：_____   白　　方：_____
黑方贴子：_____子   白方让子：_____子
黑方用时：_____   白方用时：_____
共　　计：_____手   对局结果：_____胜

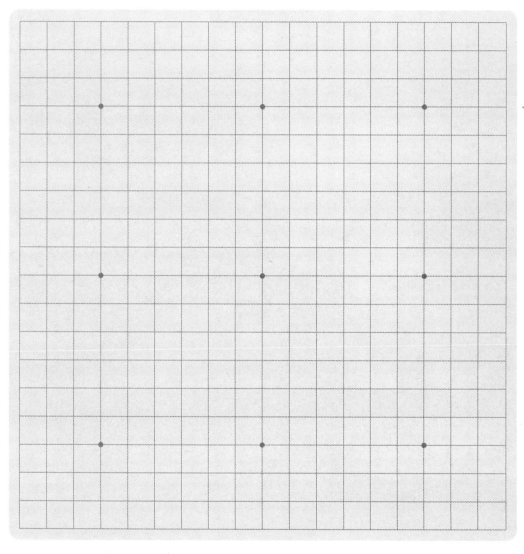

棋谱记录2

打　　劫：_____
　　　　　_____
收　　获：_____
　　　　　_____

对局日期：_____　　对局地点：_____

黑　　方：_____　　白　　方：_____

黑方贴子：_____子　白方让子：_____子

黑方用时：_____　　白方用时：_____

共　　计：_____手　对局结果：_____胜

棋谱记录2

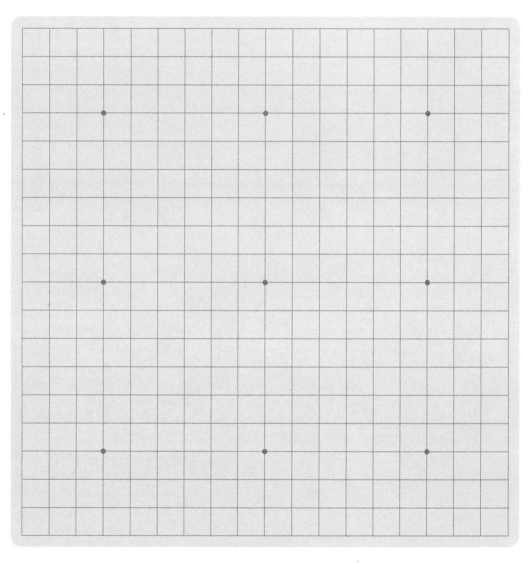

打　　劫：_____

收　　获：_____

对局日期：_____　　对局地点：_____
黑　　方：_____　　白　　方：_____
黑方贴子：_____子　　白方让子：_____子
黑方用时：_____　　白方用时：_____
共　　计：_____手　　对局结果：_____胜

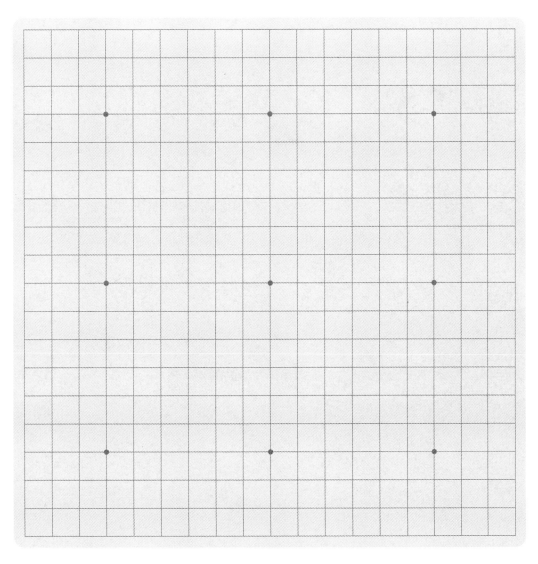

棋谱记录2

打　　劫：_____

收　　获：_____
_____

对局日期:＿＿＿＿＿＿＿＿＿＿ 对局地点:＿＿＿＿＿＿＿＿＿＿

黑　　方:＿＿＿＿＿＿＿＿＿＿ 白　　方:＿＿＿＿＿＿＿＿＿＿

黑方贴子:＿＿＿＿＿＿＿＿＿子 白方让子:＿＿＿＿＿＿＿＿＿子

黑方用时:＿＿＿＿＿＿＿＿＿＿ 白方用时:＿＿＿＿＿＿＿＿＿＿

共　　计:＿＿＿＿＿＿＿＿＿手 对局结果:＿＿＿＿＿＿＿＿＿胜

棋谱记录2

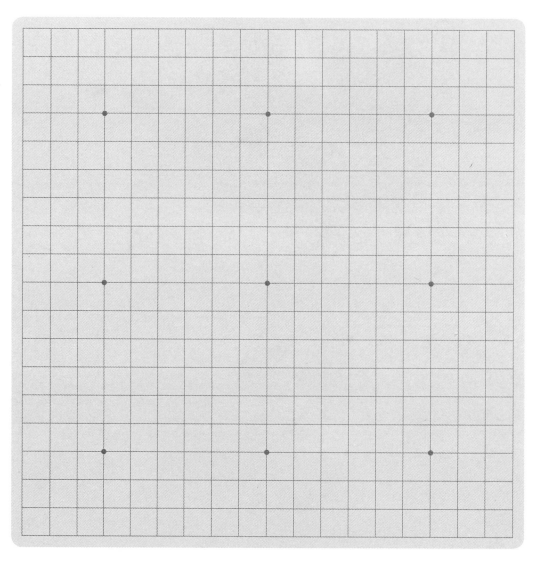

打　　劫:＿＿＿＿＿＿＿＿＿＿＿＿＿＿＿＿＿＿＿＿＿＿＿＿＿＿＿＿

＿＿＿＿＿＿＿＿＿＿＿＿＿＿＿＿＿＿＿＿＿＿＿＿＿＿＿＿＿＿＿＿

收　　获:＿＿＿＿＿＿＿＿＿＿＿＿＿＿＿＿＿＿＿＿＿＿＿＿＿＿＿＿

＿＿＿＿＿＿＿＿＿＿＿＿＿＿＿＿＿＿＿＿＿＿＿＿＿＿＿＿＿＿＿＿

对局日期：_____　　对局地点：_____

黑　　方：_____　　白　　方：_____

黑方贴子：_____子　　白方让子：_____子

黑方用时：_____　　白方用时：_____

共　　计：_____手　　对局结果：_____胜

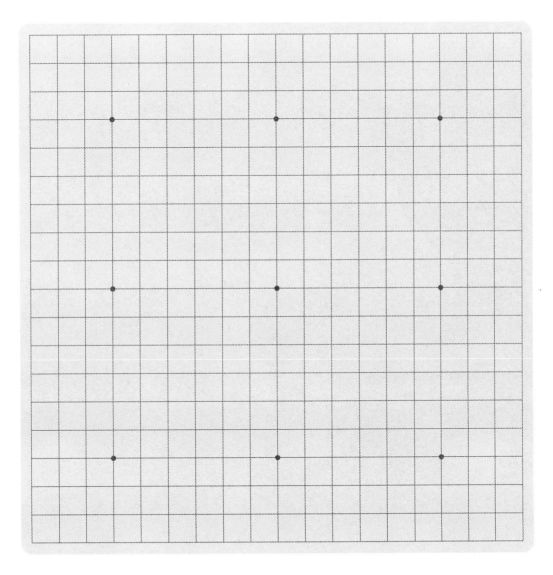

棋谱记录 2

打　　劫：_____

_____

收　　获：_____

_____

对局日期：_____　　对局地点：_____

黑　　方：_____　　白　　方：_____

黑方贴子：_____子　　白方让子：_____子

黑方用时：_____　　白方用时：_____

共　　计：_____手　　对局结果：_____胜

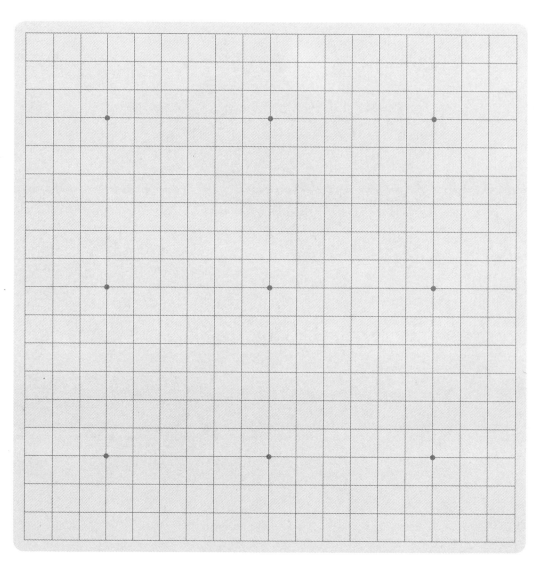

打　　劫：_____
　　　　　_____

收　　获：_____
　　　　　_____

对局日期：_____　　对局地点：_____

黑　　方：_____　　白　　方：_____

黑方贴子：_____子　　白方让子：_____子

黑方用时：_____　　白方用时：_____

共　　计：_____手　　对局结果：_____胜

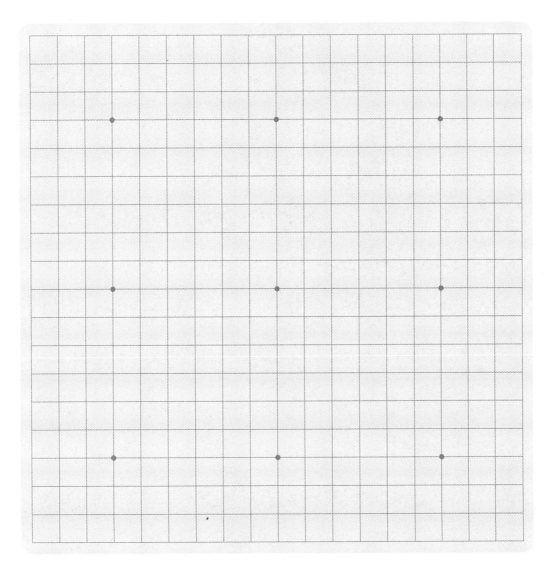

棋谱记录2

打　　劫：_____

_____

收　　获：_____

_____

对局日期：_____　　对局地点：_____

黑　　方：_____　　白　　方：_____

黑方贴子：_____子　白方让子：_____子

黑方用时：_____　　白方用时：_____

共　　计：_____手　对局结果：_____胜

棋谱记录 2

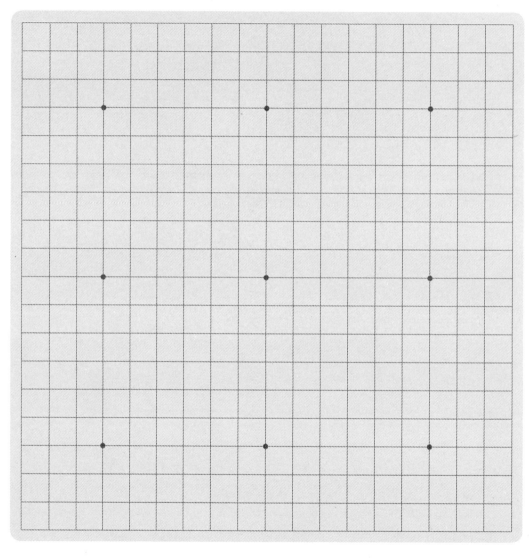

打　　劫：_____

_____

收　　获：_____

_____

对局日期：_____　　对局地点：_____

黑　　方：_____　　白　　方：_____

黑方贴子：_____子　　白方让子：_____子

黑方用时：_____　　白方用时：_____

共　　计：_____手　　对局结果：_____胜

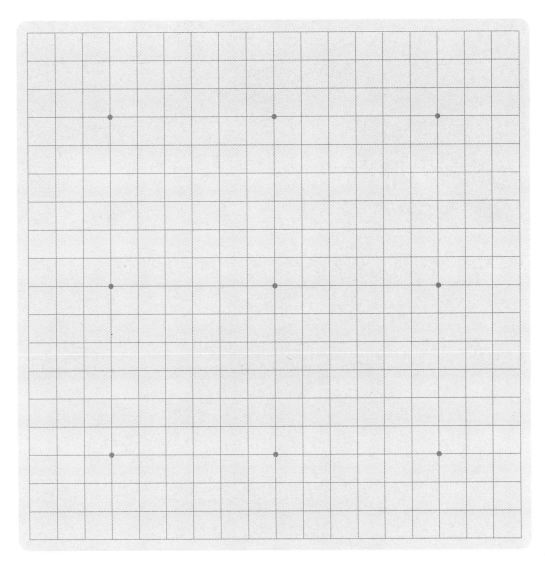

棋谱记录2

打　　劫：_____

收　　获：_____

对局日期：_____　　对局地点：_____

黑　　方：_____　　白　　方：_____

黑方贴子：_____子　白方让子：_____子

黑方用时：_____　　白方用时：_____

共　　计：_____手　对局结果：_____胜

棋谱记录2

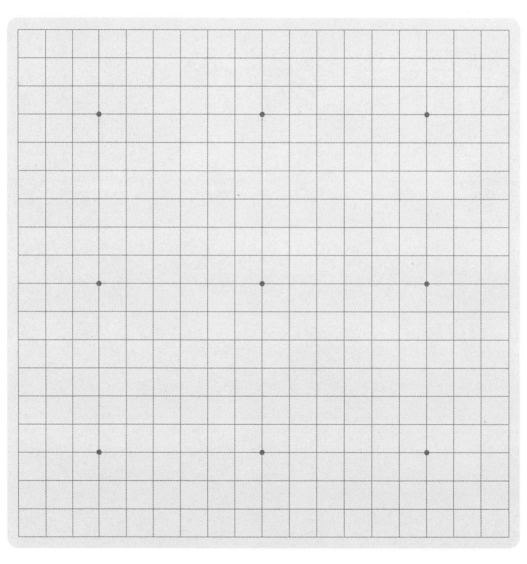

打　　劫：_____
_____

收　　获：_____
_____

对局日期：_____　　对局地点：_____

黑　　方：_____　　白　　方：_____

黑方贴子：_____子　　白方让子：_____子

黑方用时：_____　　白方用时：_____

共　　计：_____手　　对局结果：_____胜

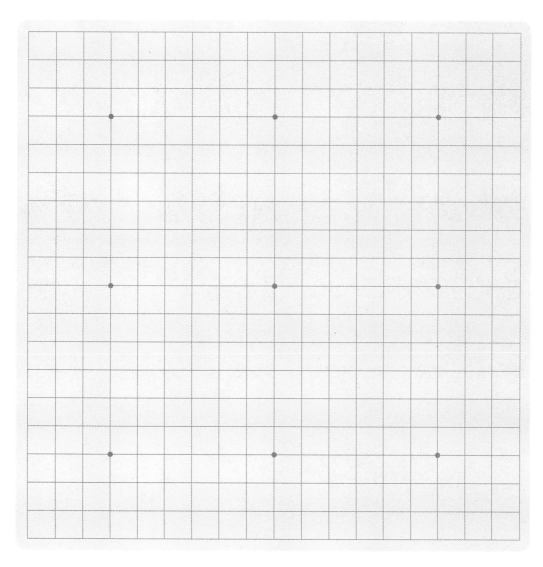

打　劫：_____

_____

收　获：_____

_____

对局日期：_____　　对局地点：_____

黑　　方：_____　　白　　方：_____

黑方贴子：_____子　　白方让子：_____子

黑方用时：_____　　白方用时：_____

共　　计：_____手　　对局结果：_____胜

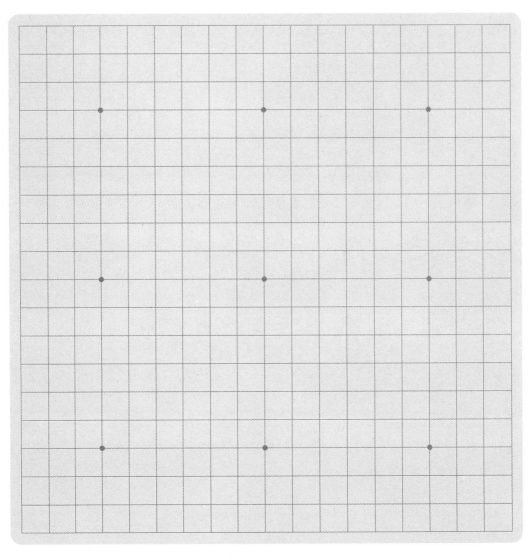

打　　劫：_____

_____

收　　获：_____

_____

对局日期：_____　　对局地点：_____
黑　　方：_____　　白　　方：_____
黑方贴子：_____子　白方让子：_____子
黑方用时：_____　　白方用时：_____
共　　计：_____手　对局结果：_____胜

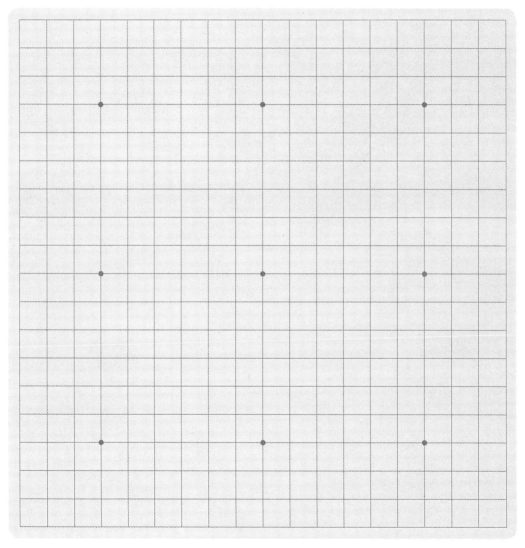

棋谱记录2

打　　劫：_____
_____

收　　获：_____
_____

对局日期：_____　　对局地点：_____

黑　　方：_____　　白　　方：_____

黑方贴子：_____子　　白方让子：_____子

黑方用时：_____　　白方用时：_____

共　　计：_____手　　对局结果：_____胜

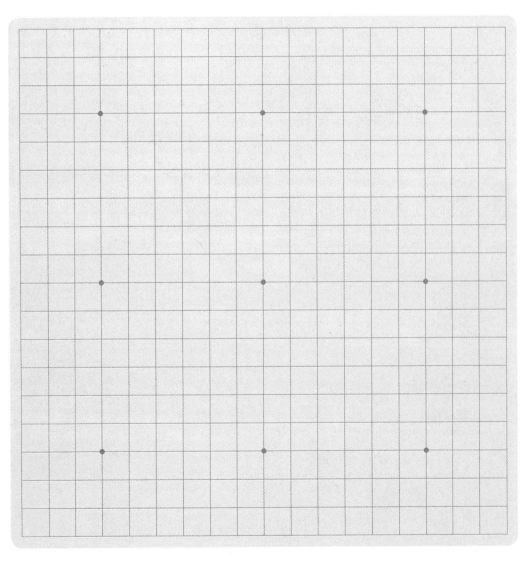

打　　劫：_____

收　　获：_____

对局日期：_____　　对局地点：_____

黑　　方：_____　　白　　方：_____

黑方贴子：_____子　　白方让子：_____子

黑方用时：_____　　白方用时：_____

共　　计：_____手　　对局结果：_____胜

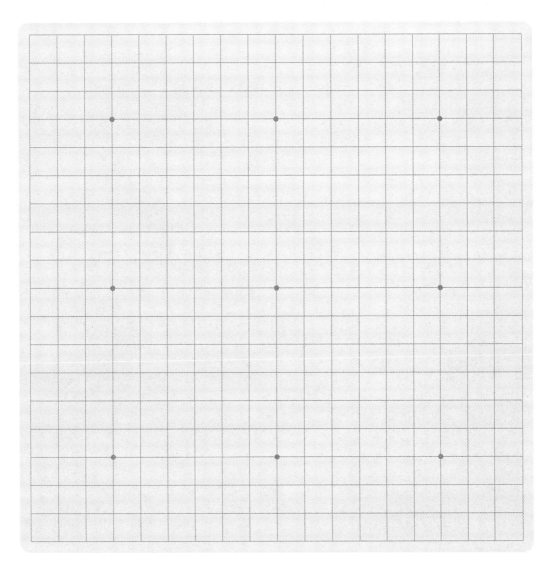

棋谱记录 2

打　　劫：_____

_____

收　　获：_____

_____

对局日期：_____　　对局地点：_____

黑　　方：_____　　白　　方：_____

黑方贴子：_____子　　白方让子：_____子

黑方用时：_____　　白方用时：_____

共　　计：_____手　　对局结果：_____胜

棋谱记录2

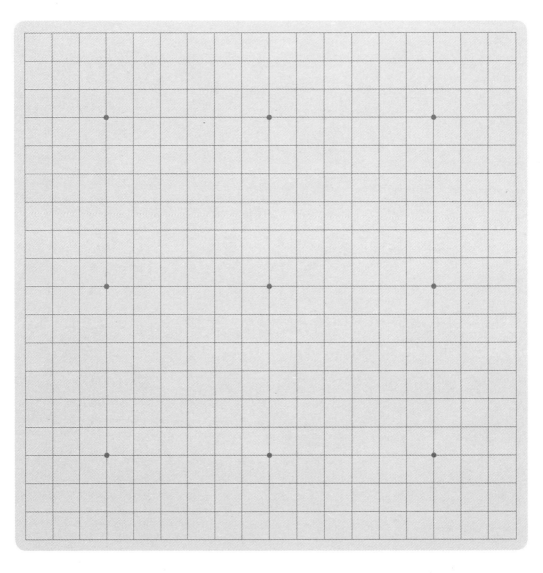

打　　劫：_____

_____

收　　获：_____

_____

对局日期：_____　　对局地点：_____
黑　　方：_____　　白　　方：_____
黑方贴子：_____子　白方让子：_____子
黑方用时：_____　　白方用时：_____
共　　计：_____手　对局结果：_____胜

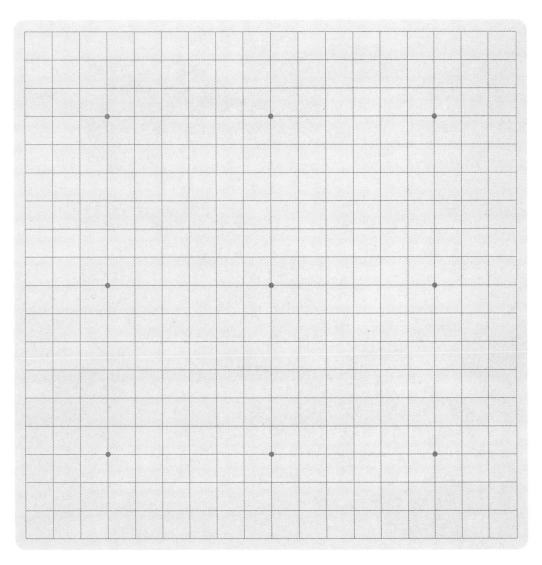

打　　劫：_____
　　　　　_____
收　　获：_____
　　　　　_____

对局日期：_____　　对局地点：_____

黑　　方：_____　　白　　方：_____

黑方贴子：_____子　　白方让子：_____子

黑方用时：_____　　白方用时：_____

共　　计：_____手　　对局结果：_____胜

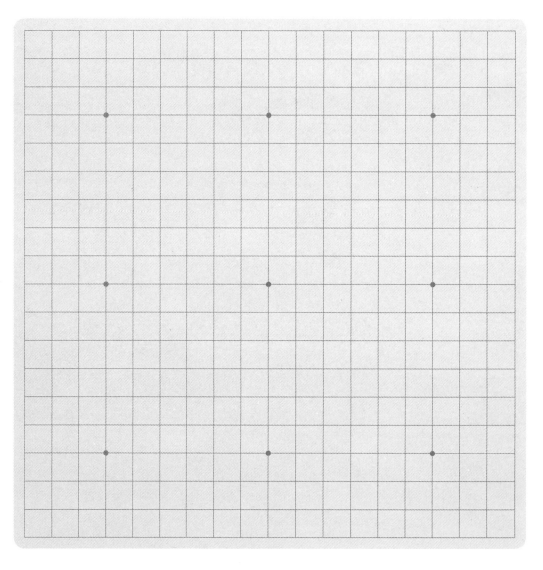

打　　劫：_____

_____

收　　获：_____

_____

对局日期：_____　　对局地点：_____
黑　　方：_____　　白　　方：_____
黑方贴子：_____子　白方让子：_____子
黑方用时：_____　　白方用时：_____
共　　计：_____手　对局结果：_____胜

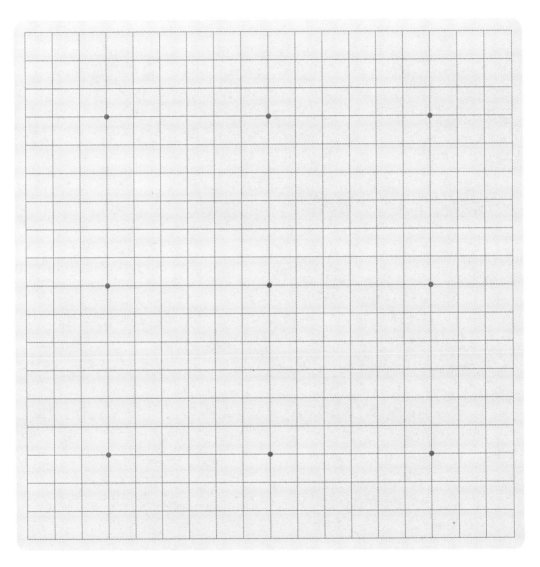

棋谱记录 2

打　　劫：_____
_____

收　　获：_____
_____

53

对局日期：_____　　对局地点：_____

黑　　方：_____　　白　　方：_____

黑方贴子：_____子　　白方让子：_____子

黑方用时：_____　　白方用时：_____

共　　计：_____手　　对局结果：_____胜

棋谱记录2

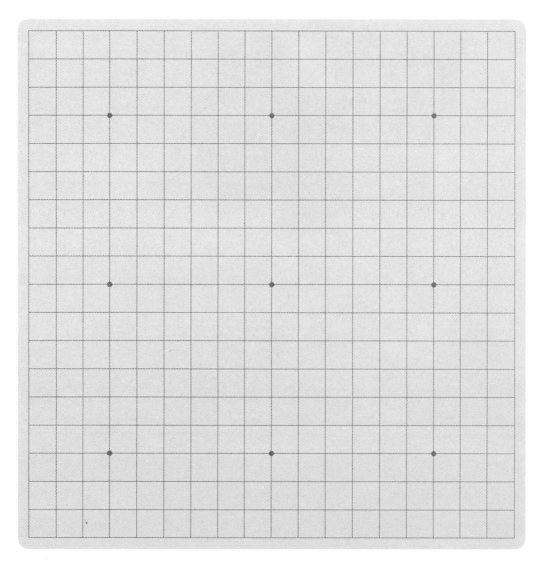

打　　劫：_____

_____

收　　获：_____

_____

对局日期：_____　　对局地点：_____
黑　　方：_____　　白　　方：_____
黑方贴子：_____子　　白方让子：_____子
黑方用时：_____　　白方用时：_____
共　　计：_____手　　对局结果：_____胜

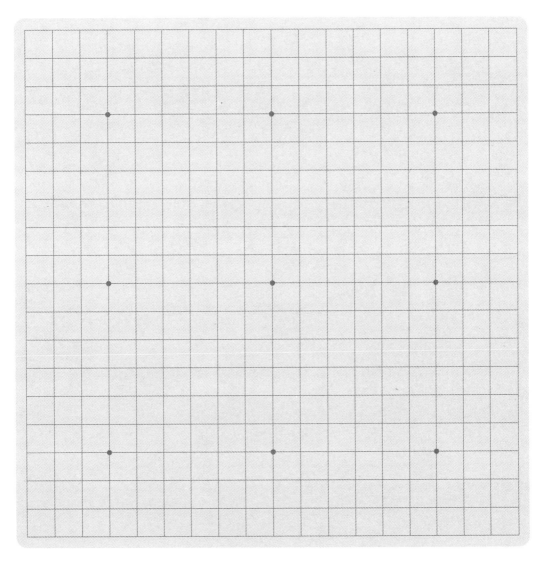

棋谱记录2

打　　劫：_____
　　　　　_____

收　　获：_____
　　　　　_____

对局日期：_____　　对局地点：_____

黑　　方：_____　　白　　方：_____

黑方贴子：_____子　　白方让子：_____子

黑方用时：_____　　白方用时：_____

共　　计：_____手　　对局结果：_____胜

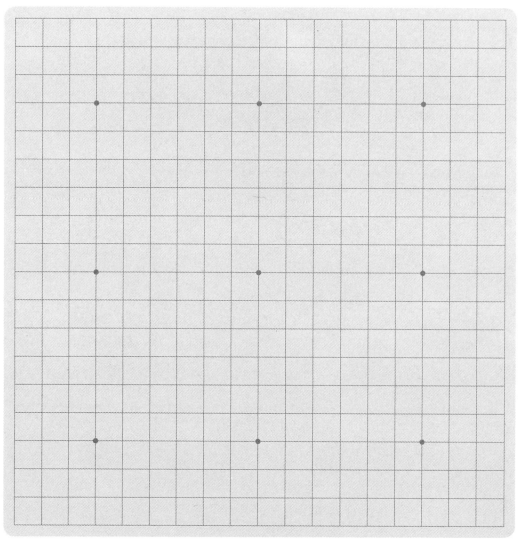

打　劫：_____

_____

收　获：_____

_____

对局日期：_____　　对局地点：_____

黑　　方：_____　　白　　方：_____

黑方贴子：_____子　　白方让子：_____子

黑方用时：_____　　白方用时：_____

共　　计：_____手　　对局结果：_____胜

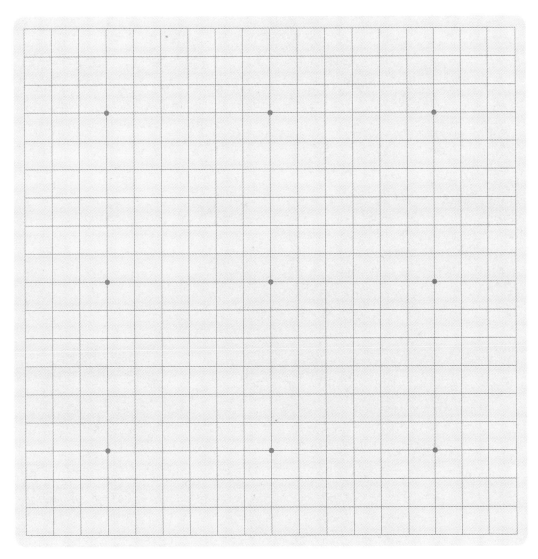

棋谱记录2

打　　劫：_____

_____

收　　获：_____

_____

对局日期：_____　　对局地点：_____

黑　　方：_____　　白　　方：_____

黑方贴子：_____子　白方让子：_____子

黑方用时：_____　　白方用时：_____

共　　计：_____手　对局结果：_____胜

棋谱记录2

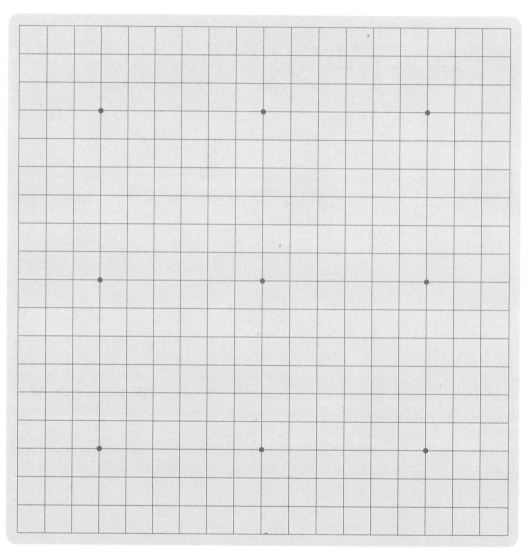

打　　劫：_____

_____

收　　获：_____

_____

对局日期：_____　　对局地点：_____

黑　　方：_____　　白　　方：_____

黑方贴子：_____子　白方让子：_____子

黑方用时：_____　　白方用时：_____

共　　计：_____手　对局结果：_____胜

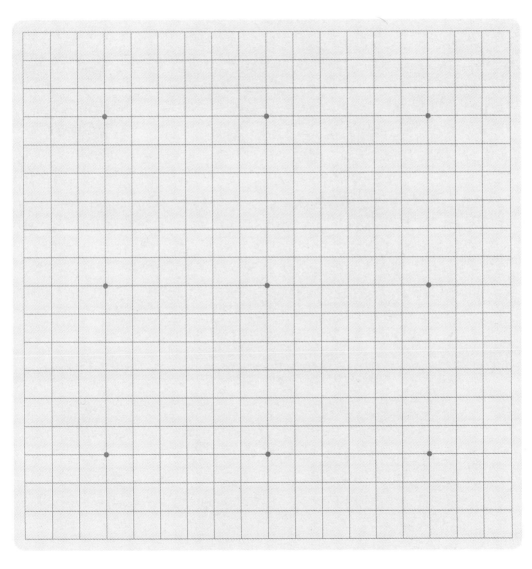

棋谱记录2

打　劫：_____

收　获：_____

对局日期：_____　　对局地点：_____

黑　　方：_____　　白　　方：_____

黑方贴子：_____子　白方让子：_____子

黑方用时：_____　　白方用时：_____

共　　计：_____手　对局结果：_____胜

棋谱记录2

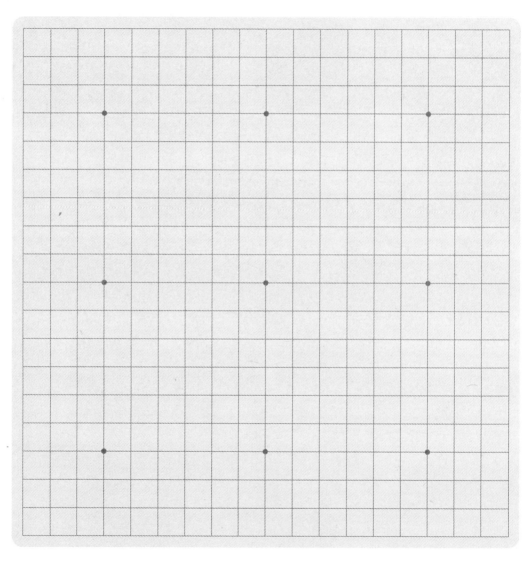

打　　劫：_____

_____

收　　获：_____

_____

对局日期：_____ 对局地点：_____

黑　　方：_____ 白　　方：_____

黑方贴子：_____子 白方让子：_____子

黑方用时：_____ 白方用时：_____

共　　计：_____手 对局结果：_____胜

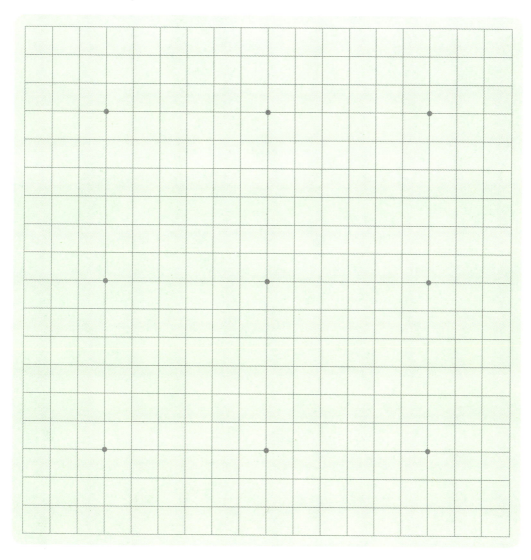

棋谱记录2

打　　劫：_____

_____

收　　获：_____

_____

对局日期：_____ 对局地点：_____

黑　　方：_____ 白　　方：_____

黑方贴子：_____子 白方让子：_____子

黑方用时：_____ 白方用时：_____

共　　计：_____手 对局结果：_____胜

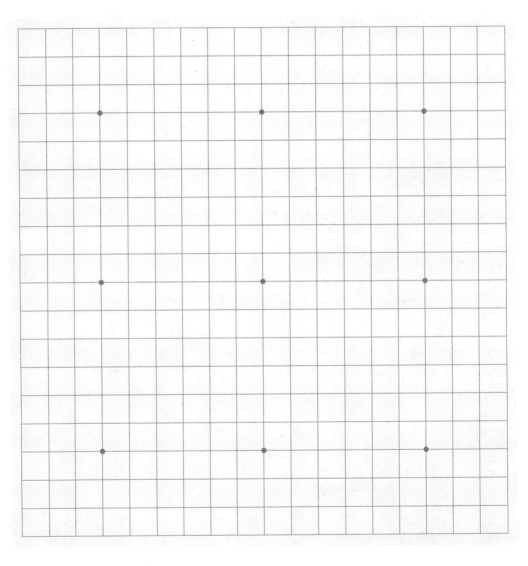

打　　劫：_____

_____

收　　获：_____

_____

对局日期：_____　　对局地点：_____

黑　　方：_____　　白　　方：_____

黑方贴子：_____子　白方让子：_____子

黑方用时：_____　　白方用时：_____

共　　计：_____手　对局结果：_____胜

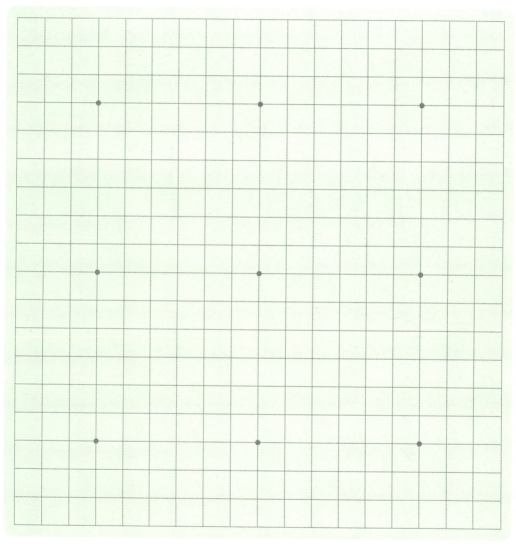

棋谱记录2

打　　劫：_____

_____

收　　获：_____

_____

对局日期：_____　　对局地点：_____

黑　　方：_____　　白　　方：_____

黑方贴子：_____子　　白方让子：_____子

黑方用时：_____　　白方用时：_____

共　　计：_____手　　对局结果：_____胜

棋谱记录2

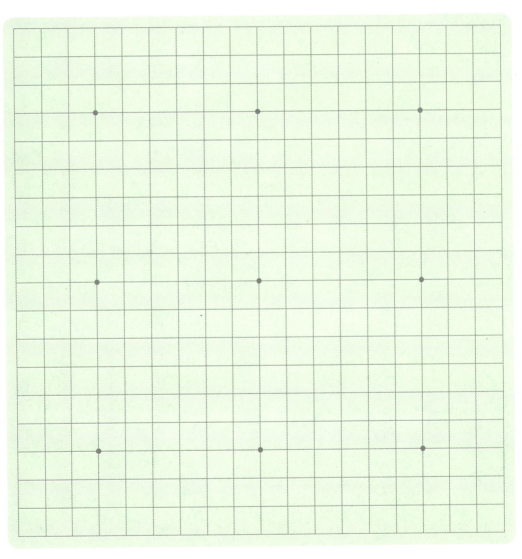

打　　劫：_____

收　　获：_____

对局日期：_____　　对局地点：_____

黑　　方：_____　　白　　方：_____

黑方贴子：_____，_____子　白方让子：_____子

黑方用时：_____　　白方用时：_____

共　　计：_____手　　对局结果：_____胜

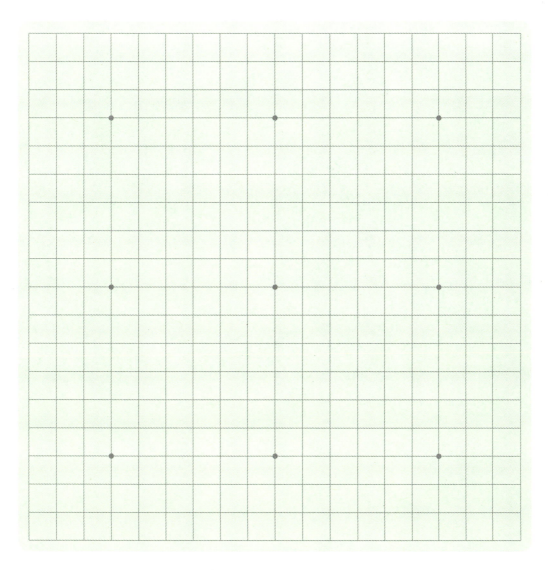

棋谱记录2

打　　劫：_____

_____

收　　获：_____

_____

对局日期：_____　　对局地点：_____

黑　　方：_____　　白　　方：_____

黑方贴子：_____子　白方让子：_____子

黑方用时：_____　　白方用时：_____

共　　计：_____手　对局结果：_____胜

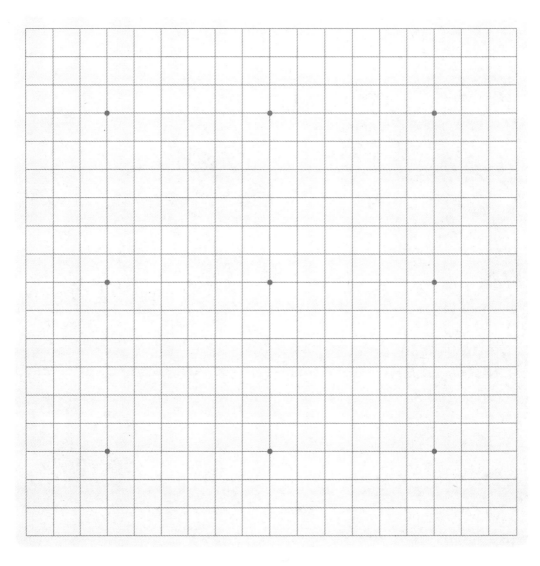

打　　劫：_____

_____

收　　获：_____

_____

对局日期:_____   对局地点:_____
黑　　方:_____   白　　方:_____
黑方贴子:_____子   白方让子:_____子
黑方用时:_____   白方用时:_____
共　　计:_____手   对局结果:_____胜

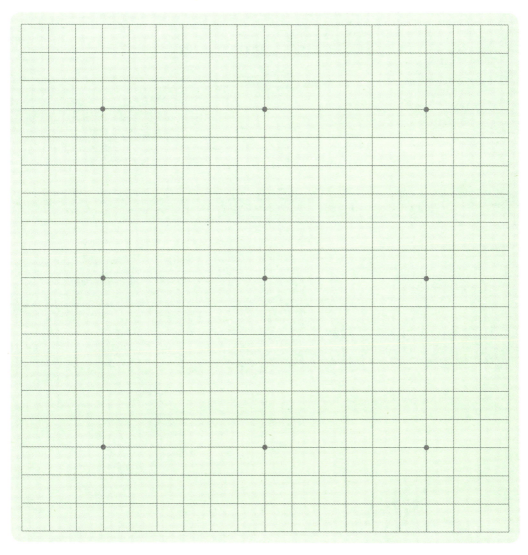

棋谱记录2

打　　劫:_____
_____
收　　获:_____
_____

对局日期：_____　　对局地点：_____

黑　　方：_____　　白　　方：_____

黑方贴子：_____子　白方让子：_____子

黑方用时：_____　　白方用时：_____

共　　计：_____手　对局结果：_____胜

棋谱记录 2

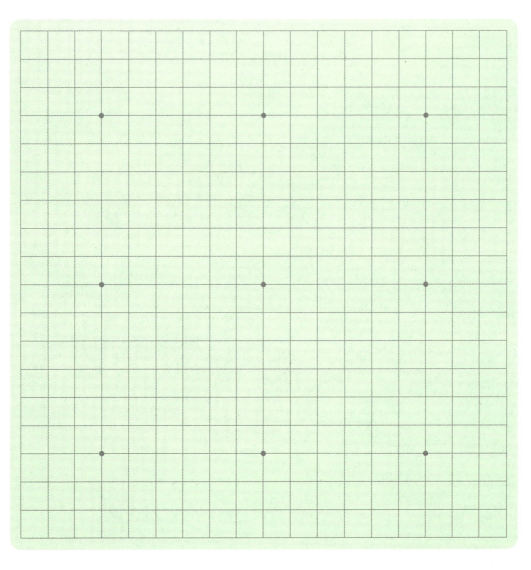

打　　劫：_____

_____

收　　获：_____

_____

对局日期：_____　　对局地点：_____

黑　　方：_____　　白　　方：_____

黑方贴子：_____子　白方让子：_____子

黑方用时：_____　　白方用时：_____

共　　计：_____手　对局结果：_____胜

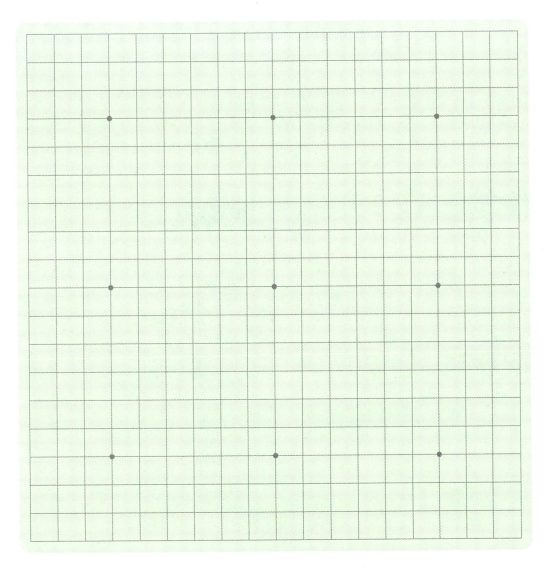

棋谱记录2

打　　劫：_____

收　　获：_____

对局日期：_____ 对局地点：_____

黑　　方：_____ 白　　方：_____

黑方贴子：_____子 白方让子：_____子

黑方用时：_____ 白方用时：_____

共　　计：_____手 对局结果：_____胜

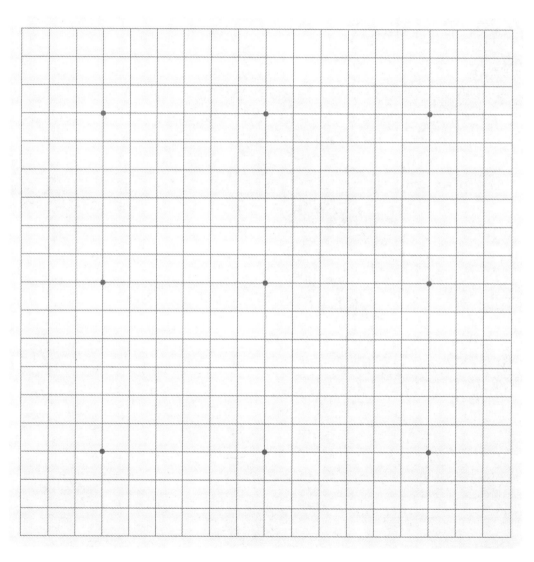

打　　劫：_____

_____

收　　获：_____

_____

对局日期:_____ 对局地点:_____
黑　　方:_____ 白　　方:_____
黑方贴子:_____子 白方让子:_____子
黑方用时:_____ 白方用时:_____
共　　计:_____手 对局结果:_____胜

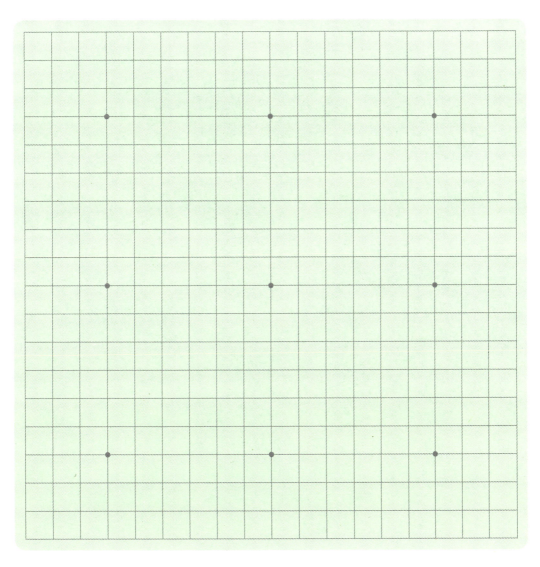

棋谱记录2

打　　劫:_____

收　　获:_____

对局日期：_____　　对局地点：_____

黑　　方：_____　　白　　方：_____

黑方贴子：_____子　　白方让子：_____子

黑方用时：_____　　白方用时：_____

共　　计：_____手　　对局结果：_____胜

棋谱记录 2

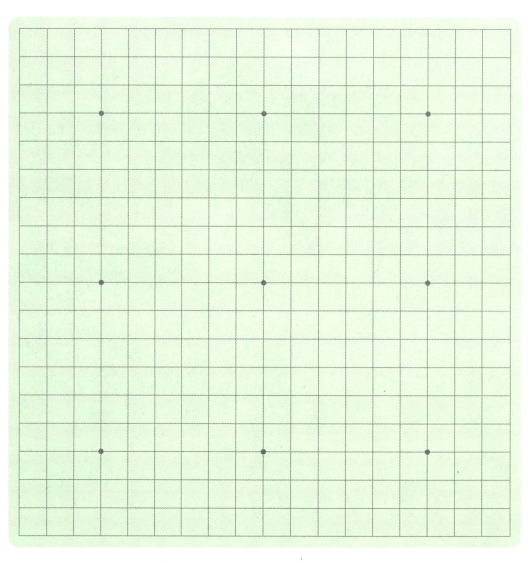

打　　劫：_____

_____

收　　获：_____

_____

对局日期：_____　　对局地点：_____

黑　　方：_____　　白　　方：_____

黑方贴子：_____子　　白方让子：_____子

黑方用时：_____　　白方用时：_____

共　　计：_____手　　对局结果：_____胜

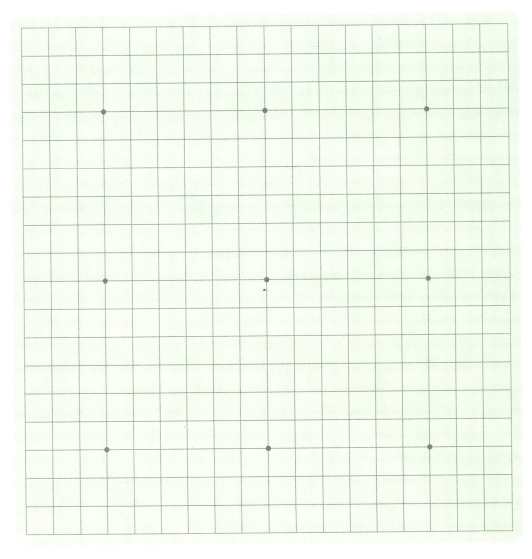

棋谱记录 2

打　　劫：_____

收　　获：_____

对局日期：_____　　对局地点：_____
黑　　方：_____　　白　　方：_____
黑方贴子：_____子　　白方让子：_____子
黑方用时：_____　　白方用时：_____
共　　计：_____手　　对局结果：_____胜

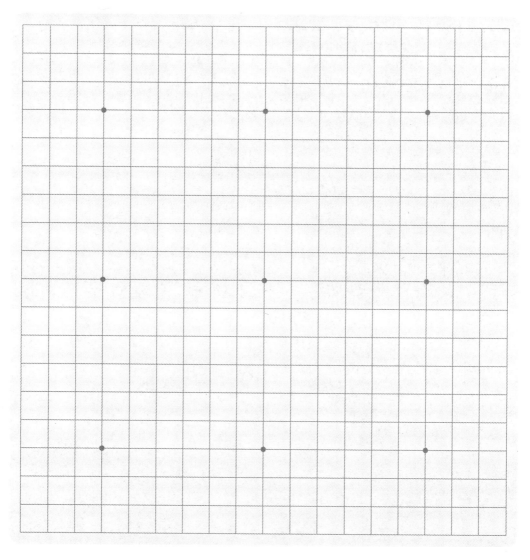

打　　劫：_____
　　　　　_____
收　　获：_____
　　　　　_____

对局日期：_____　　对局地点：_____

黑　　方：_____　　白　　方：_____

黑方贴子：_____子　　白方让子：_____子

黑方用时：_____　　白方用时：_____

共　　计：_____手　　对局结果：_____胜

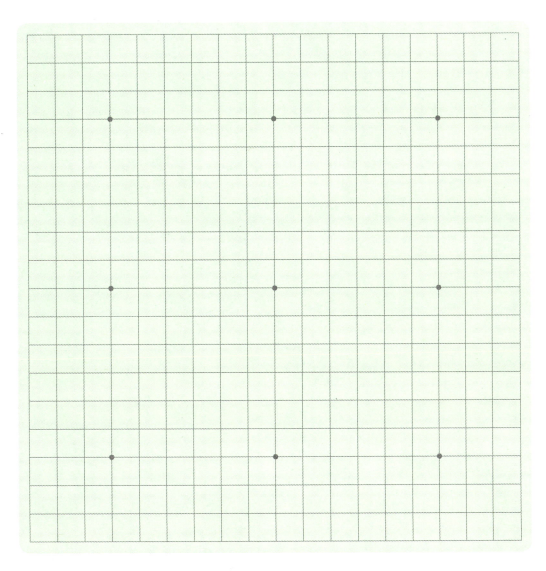

棋谱记录2

打　　劫：_____

_____

收　　获：_____

_____

对局日期：_____　　对局地点：_____

黑　　方：_____　　白　　方：_____

黑方贴子：_____子　　白方让子：_____子

黑方用时：_____　　白方用时：_____

共　　计：_____手　　对局结果：_____胜

棋谱记录2

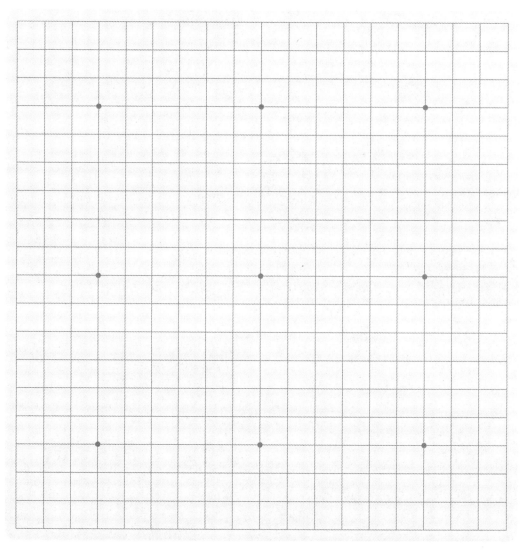

打　　劫：_____

_____

收　　获：_____

_____

对局日期：_____　　对局地点：_____

黑　　方：_____　　白　　方：_____

黑方贴子：_____子　白方让子：_____子

黑方用时：_____　　白方用时：_____

共　　计：_____手　对局结果：_____胜

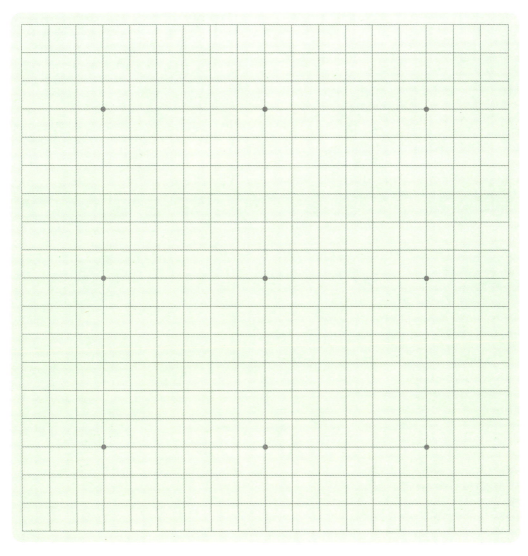

打　　劫：_____

_____

收　　获：_____

_____

对局日期：_____　　对局地点：_____

黑　　方：_____　　白　　方：_____

黑方贴子：_____子　白方让子：_____子

黑方用时：_____　　白方用时：_____

共　　计：_____手　对局结果：_____胜

棋谱记录2

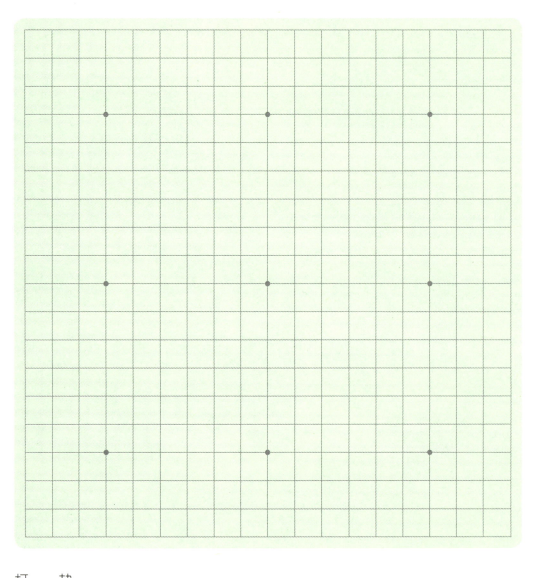

打　　劫：_____

_____

收　　获：_____

_____

对局日期：_____　　对局地点：_____

黑　　方：_____　　白　　方：_____

黑方贴子：_____子　　白方让子：_____子

黑方用时：_____　　白方用时：_____

共　　计：_____手　　对局结果：_____胜

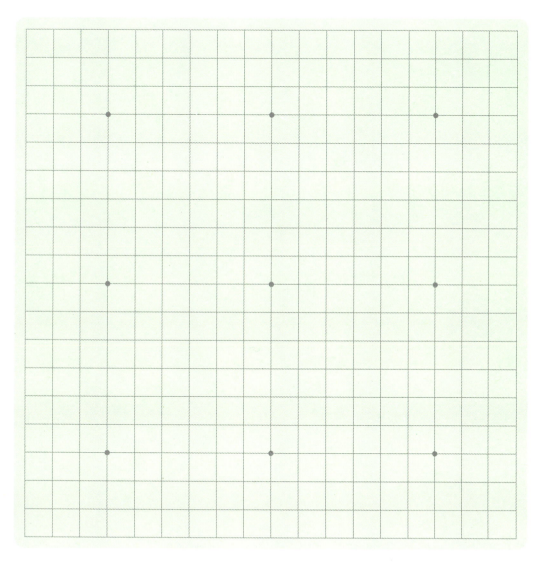

棋谱记录2

打　　劫：_____

_____

收　　获：_____

_____

对局日期：_____　　对局地点：_____

黑　　方：_____　　白　　方：_____

黑方贴子：_____子　　白方让子：_____子

黑方用时：_____　　白方用时：_____

共　　计：_____手　　对局结果：_____胜

棋谱记录2

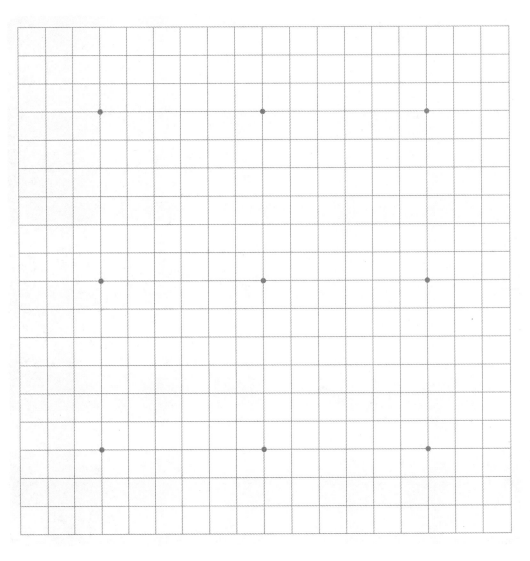

打　　劫：_____
_____

收　　获：_____
_____

对局日期：_____　　对局地点：_____
黑　　方：_____　　白　　方：_____
黑方贴子：_____子　白方让子：_____子
黑方用时：_____　　白方用时：_____
共　　计：_____手　对局结果：_____胜

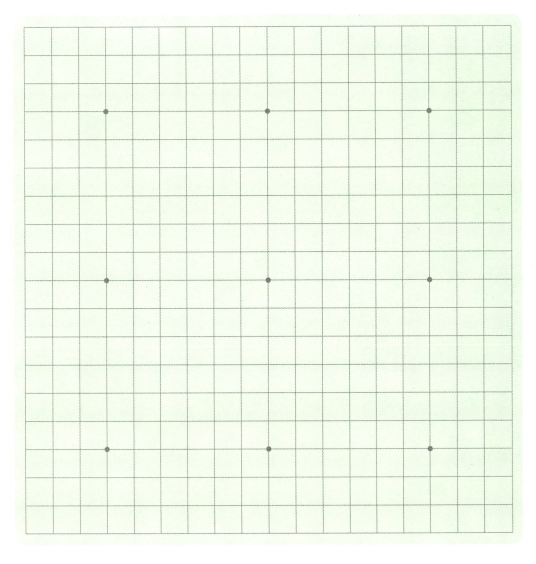

棋谱记录2

打　　劫：_____
　　　　_____
收　　获：_____
　　　　_____

对局日期：_____　　对局地点：_____

黑　　方：_____　　白　　方：_____

黑方贴子：_____子　　白方让子：_____子

黑方用时：_____　　白方用时：_____

共　　计：_____手　　对局结果：_____胜

棋谱记录 2

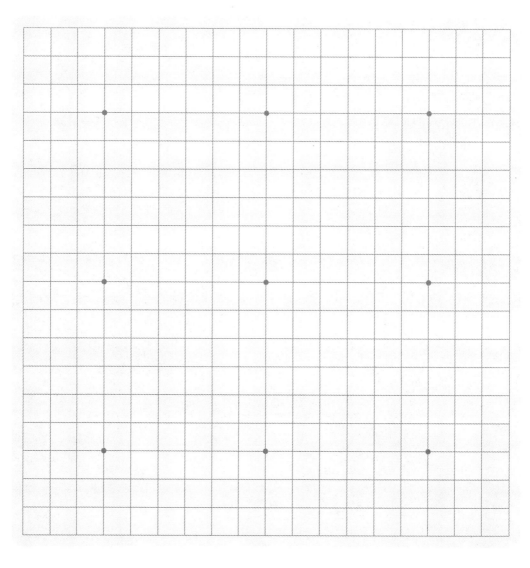

打　　劫：_____

_____

收　　获：_____

_____

对局日期：_____　　对局地点：_____

黑　　方：_____　　白　　方：_____

黑方贴子：_____子　　白方让子：_____子

黑方用时：_____　　白方用时：_____

共　　计：_____手　　对局结果：_____胜

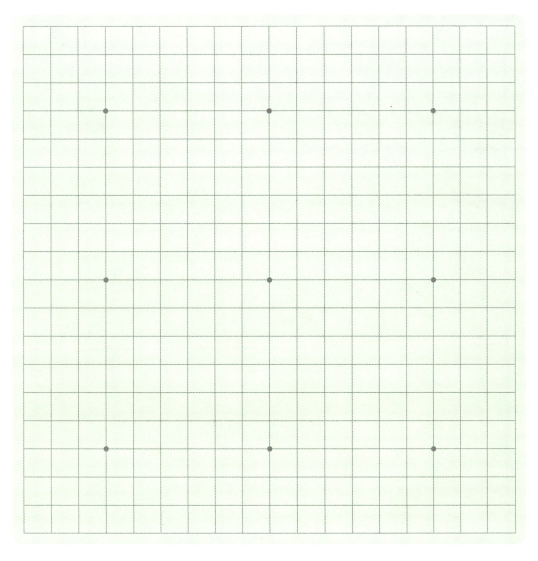

棋谱记录2

打　　劫：_____

_____

收　　获：_____

_____

对局日期：_____　　对局地点：_____

黑　　方：_____　　白　　方：_____

黑方贴子：_____子　　白方让子：_____子

黑方用时：_____　　白方用时：_____

共　　计：_____手　　对局结果：_____胜

棋谱记录2

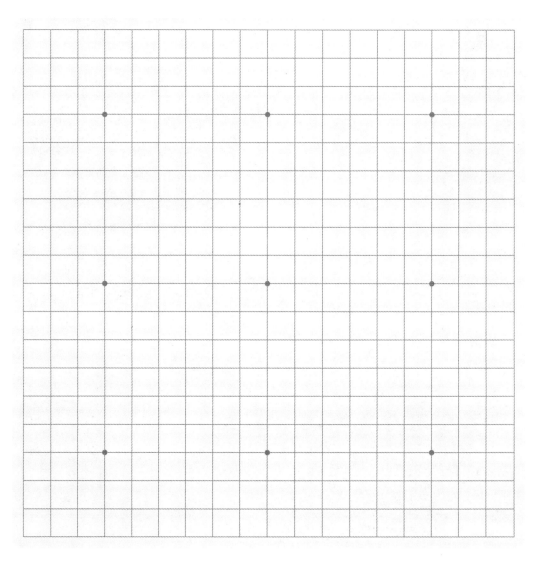

打　　劫：_____

_____

收　　获：_____

_____

对局日期：＿＿＿＿＿＿＿＿＿＿　　对局地点：＿＿＿＿＿＿＿＿＿＿

黑　　方：＿＿＿＿＿＿＿＿＿＿　　白　　方：＿＿＿＿＿＿＿＿＿＿

黑方贴子：＿＿＿＿＿＿＿＿＿子　　白方让子：＿＿＿＿＿＿＿＿＿子

黑方用时：＿＿＿＿＿＿＿＿＿＿　　白方用时：＿＿＿＿＿＿＿＿＿＿

共　　计：＿＿＿＿＿＿＿＿＿手　　对局结果：＿＿＿＿＿＿＿＿＿胜

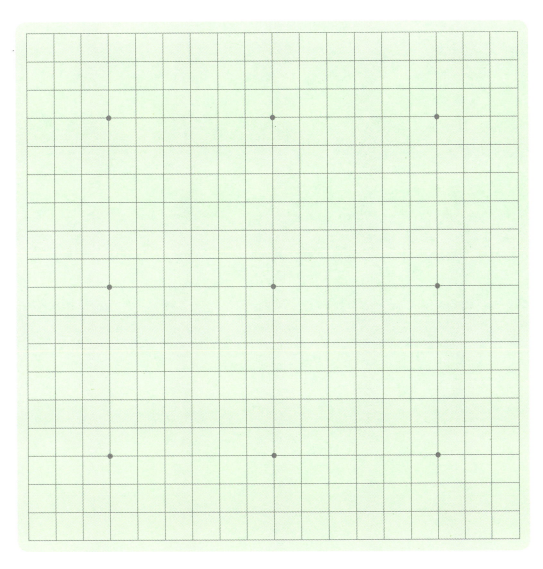

棋谱记录 2

打　　劫：＿＿＿＿＿＿＿＿＿＿＿＿＿＿＿＿＿＿＿＿＿＿＿＿＿＿＿＿＿＿
　　　　　＿＿＿＿＿＿＿＿＿＿＿＿＿＿＿＿＿＿＿＿＿＿＿＿＿＿＿＿＿＿

收　　获：＿＿＿＿＿＿＿＿＿＿＿＿＿＿＿＿＿＿＿＿＿＿＿＿＿＿＿＿＿＿
　　　　　＿＿＿＿＿＿＿＿＿＿＿＿＿＿＿＿＿＿＿＿＿＿＿＿＿＿＿＿＿＿

对局日期：_____ 对局地点：_____

黑　　方：_____ 白　　方：_____

黑方贴子：_____子 白方让子：_____子

黑方用时：_____ 白方用时：_____

共　　计：_____手 对局结果：_____胜

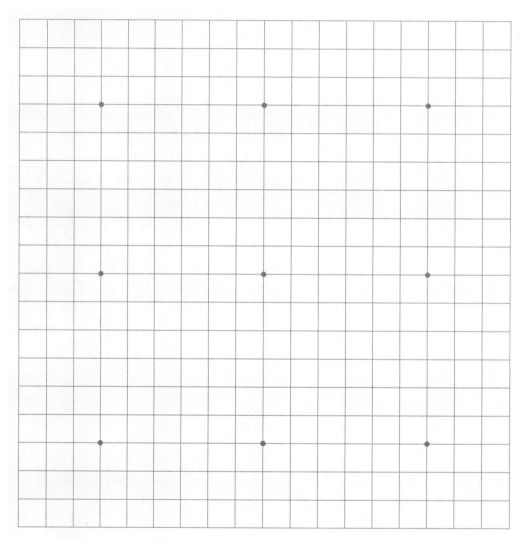

打　　劫：_____

　　　　　_____

收　　获：_____

　　　　　_____

对局日期：_____　　对局地点：_____

黑　　方：_____　　白　　方：_____

黑方贴子：_____子　　白方让子：_____子

黑方用时：_____　　白方用时：_____

共　　计：_____手　　对局结果：_____胜

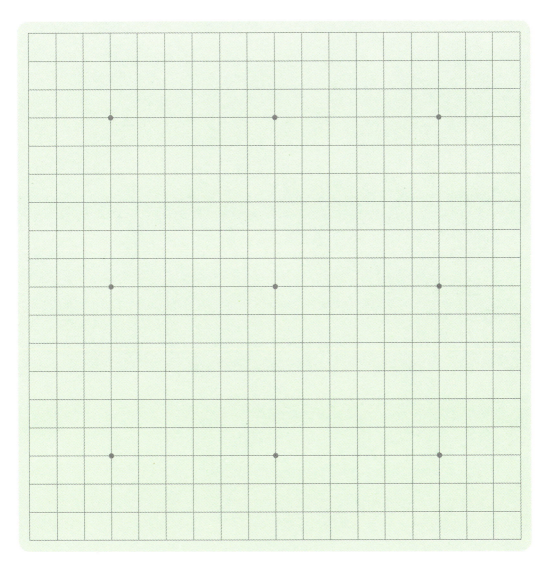

棋谱记录2

打　　劫：_____

_____

收　　获：_____

_____

对局日期：_____   对局地点：_____

黑　　方：_____   白　　方：_____

黑方贴子：_____子   白方让子：_____子

黑方用时：_____   白方用时：_____

共　　计：_____手   对局结果：_____胜

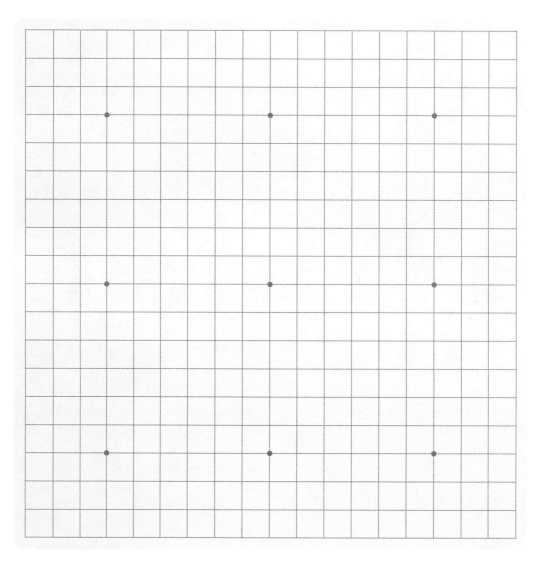

打　　劫：_____

_____

收　　获：_____

_____

对局日期：_____　　对局地点：_____

黑　　方：_____　　白　　方：_____

黑方贴子：_____子　白方让子：_____子

黑方用时：_____　　白方用时：_____

共　　计：_____手　对局结果：_____胜

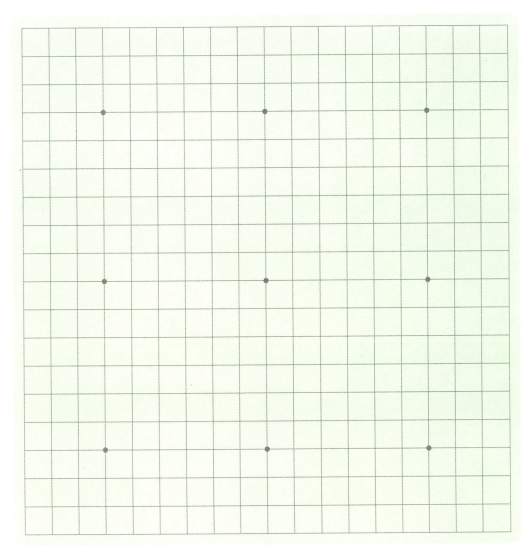

棋谱记录2

打　　劫：_____
_____

收　　获：_____
_____

对局日期：_____　　对局地点：_____

黑　　方：_____　　白　　方：_____

黑方贴子：_____子　　白方让子：_____子

黑方用时：_____　　白方用时：_____

共　　计：_____手　　对局结果：_____胜

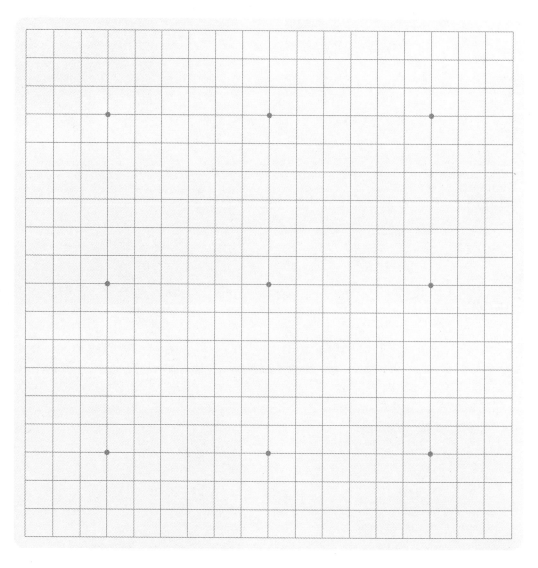

打　劫：_____

　　　　_____

收　获：_____

　　　　_____

对局日期：_____　　对局地点：_____
黑　　方：_____　　白　　方：_____
黑方贴子：_____子　　白方让子：_____子
黑方用时：_____　　白方用时：_____
共　　计：_____手　　对局结果：_____胜

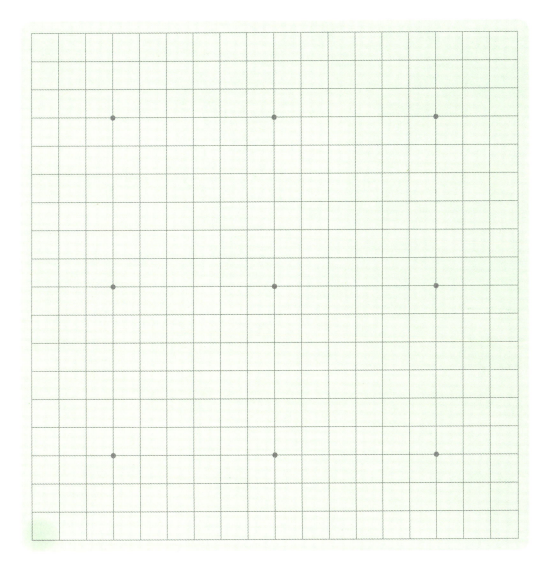

棋谱记录2

打　劫：_____

收　获：_____
_____

对局日期：_____　　对局地点：_____

黑　　方：_____　　白　　方：_____

黑方贴子：_____子　　白方让子：_____子

黑方用时：_____　　白方用时：_____

共　　计：_____手　　对局结果：_____胜

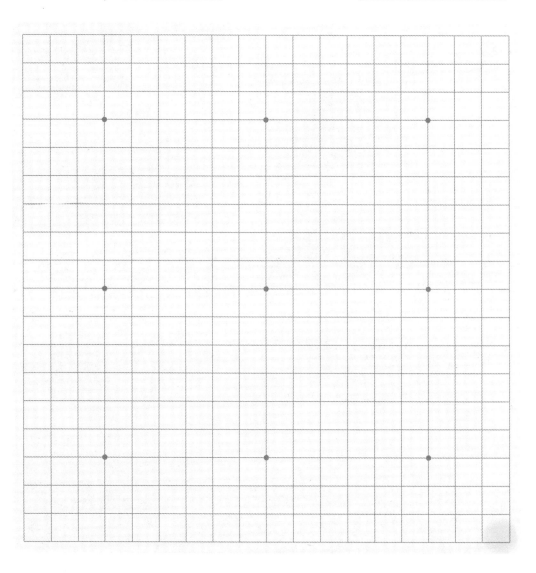

打　　劫：_____

　　　　　_____

收　　获：_____

　　　　　_____